Amani Mupenda Mubigalo

Petit dictionnaire universel des croyants

Amani Mupenda Mubigalo

Petit dictionnaire universel des croyants

Éditions Croix du Salut

Cover image: www.ingimage.com

Publisher:
Éditions Croix du Salut
is a trademark of
Dodo Books Indian Ocean Ltd., member of the OmniScriptum S.R.L Publishing group
str. A.Russo 15, of. 61, Chisinau-2068, Republic of Moldova Europe
Printed at: see last page
ISBN: 978-620-3-84158-9

Amani Mupenda Mubigalo

Petit dictionnaire universel des croyants

Amani Mupenda Mubigalo

Petit dictionnaire universel des croyants

Auteur : Amani Mupenda Mubigalo

Source des dessins : Amani Mupenda Mubigalo

Equipe du toilettage :

- Les experts de l'Agence humanitaire ENFANTS EN DANGER
- Les chercheurs du Centre de Recherche Universitaire du Kivu à l'Institut Supérieur Pédagogique (CERUKI /ISP) Bukavu/RD Congo.

Les images emblématiques des croyants

Abraham
Grand Patriarche Biblique

Mouhammad P
ro phète de l'Islam

Jésus de Nazareth

Que contient ce Petit dictionnaire universel des croyants ?

C et ouvrage contient des vocabulaires et expressions bibliques et Coraniques pour une mémorisation plus facile et plus simple à destination œcuménique.

Cet ouvrage contient aussi une gamme suffisante d'explication pour :

- ✓ Comprendre à fond le sens du vocabulaire et d'expression
- ✓ Mémoriser les termes bibliques et coraniques
- ✓ Et pleins d'autres surprises

Il renferme encore une gamme des termes venant de l'arabe qui sont d'abord donnés dans la transcription conventionnelle de l'alphabet arabe puis, entre parenthèses, dans une transcription plus proche des usages propres au français si le mot existe directement en français, il est indiqué à la suite et enfin en arabe vocalisé le plus complet possible.

A qui s'adresse cet ouvrage ?

Le *« Petit dictionnaire universel des croyants »* s'adresse à un public francophone chrétien, musulman et judaiste :

- ✓ Converti ou non
- ✓ étudiant ou élève
- ✓ catéchétique ou curieux
- ✓ enfant ou adulte
- ✓ consacré ou fidèle

Il peut être utilisé aussi, comme support de cours et aide mémoire si ce n'est pas pour se familiariser avec les vocables ou expressions bibliques, ça sera pour les vœables ou expressions coraniques.

Abréviations

Adjectif d'origine Musulmane : *Adj. d'or. Musul.*

Expression d'origine Biblique : *Expr. d'or. Bibl.*

Expression d'origine Musulmane : *Expr. d'or.*

Musul. Géographique : *géogr.*

Littéralement : *litt.*

Mot d'origine Biblique : *Mot d'or. Bibl.*

Mot d'origine Judaïsme : *Mot. d'or. Juda.*

Mot d'origine Musulmane : *Nom d'or. Musul.*

Mot d'origine Musulmane : *Nom d'or. Musul.*

Nom d'origine Biblique : *Nom d'or. Bibl.*

Nom d'origine Judaïsme : *Nom d'or. Juda.*

Nom et mot d'or. Biblique : *Nom-mot d'or. Bibl.*

Nom Universel Religieux : *Nom Univer. Relig.*

Mot religieux commun : *Mot rel. Com.*

Avant-propos

La civilisation religieuse actuelle tentée de l'œcuménisme et de la lecture fondamentaliste de textes sacrés, laisse proposer le partage en commun d'un manuel de référence qu'on suppose universel, fournissant des aides précieuses à ceux qui cherchent l'authenticité des sources de leur foi à partir des vocabulaires ou des expressions. C'est ce qu'on propose dans ce *Petit dictionnaire universel des croyants.*

Seulement en quelques phrases ou paragraphes, on essaie de résumer le sens d'un mot ou expression en s'efforçant de respecter le délicat passage entre le niveau purement humain du langage et son utilisation dans le discours spécifique de l'expression de la foi concernée.

Certes, qu'il nous arrive d'utiliser des mots ou des expressions qui trouvent leur origine dans les pages soient de la Bible, soient du Coran. Elles sont sans doute si familières que nous en ignorons les plus souvent l'origine.

Cette catégorie de *Petit dictionnaire universel pour les croyants* est indispensable pour tous, du fait qu'il se libère des habitudes de lecture qui tendent non seulement à limiter à quelques notions simplistes l'extraordinaire richesse de la littérature religieuse, mais également à faciliter la consultation des mots et expressions de leur foi à la place des plusieurs dictionnaires religieux à la fois. A l'école par exemple, on travaille sur l'histoire des principales religions monothéistes de notre monde. Cela nécessite de connaître un certain nombre de mots de vocabulaire soient dans le catholicisme, l'islam, le judaïsme et le protestantisme sans recourir au même moment à plusieurs dictionnaires religieux. De là, l'importance de ce genre de dictionnaire religieux à vocation universel s'impose.

Plus souvent, en matière œcuménique face à des livres sacrés : la Bible et le Coran, les pratiquants manifestent le besoin de connaître le sens des mots et expressions rencontrées, afin de les pénétrer à fond. De là également, s'impose la nécessité du petit dictionnaire à vocation centralisateur comme celui-ci, qui épargne le recours à plusieurs dictionnaires à la fois que sans doute, nous ne considérons pas erronés malgré tout.

Nos souhaits d'utilisation les meilleurs.

'Agouna : *Nom d'or. Juda.* Femme interdite de remariage, en l'absence du Guet refusé par son mari.

'Aïn hara' : *Mot d'or. Juda.* La convoitise.

'Alya : *Mot d'or. Juda.* Montée à la Torah ou en Israël.

'Amida : *Mot d'or. Juda.* Prière des 18 bénédictions dite debout.

'Arvit : *Mot d'or. Juda.* Office du soir.

'Avèra : *Mot d'or. Juda.* Transgression.

'Avoda zara : *Mot d'or. Juda.* Idolâtrie.

Aaron : *Nom d'or. Bibl.* 1. Frère aîné de Moise (Ex6.20). Il fut le premier prêtre et l'ancêtre des prêtres d'Israël (Lév 8. 1-9.24). 2. Il est nommé cinq fois dans le Nouveau Testament (Luc 1.5 ; Act. 7.40 ; Hébr. 5.4 ; 7. 11 ; 9, 4).

Abd : *Mot d'or. Musul.* ʿabd *(abd)* عَبْد : serviteur; esclave; adorateur; ou créature. Il entre dans de nombreux noms composés.

Abime : *Mot d'or. Bibl.* Dans le Nouveau Testament, ce terme désigne le lieu où les puissances du mal sont momentanément emprisonnées.

Ablution : *Mot d'or. Musul.* ġusl *(ghusl, grande ablution)* غُسْل et wuḍū' *(wudhû', petite ablution)* وُضوء .

Aboû : *Mot d'or. Musul.* Abū *(Père, abou)* أبو : père, intervient dans la *kun'ya* (surnom) de nombreux *noms arabes*.

Abraham : *Nom d'or. Juda.* 1er patriarche.

Abrogé : *Mot d'or. Musul.* Mansūẖ *(mansûkh)* مَنْسوخ : un verset abrogé est remplacé par un verset postérieur dit abrogatif.

Abrogeant : *Mot d'or. Musul.* Nāsiẖ *(nâsikh)* ناسِخ : verset abrogatif remplaçant un verset abrogé.

Achera : *Nom d'or. Bibl.* Déesse cananéenne de la fécondité, que l'Ancien Testament associe souvent au dieu Baal.

Achoura : *Mot d'or. Musul.* ʿāšūrā' *(achoura)* عاشوراء : le dix du mois de muharram. *Journée de jeûne de l'islam calquée sur le jeûne juif de Yom Kippour, au dixième jour du septième mois. Le chiisme y ajoute la commémoration du massacre de l'imam Husayn.*

Adab : *Mot d'or. Musul.* 'Adab *('adab)* أَدَب : Convenance, Bienséance, norme héréditaire de conduite traditionnelle dans l'islam.

'Adala : *Mot d'or. Musul.* 'Adala العدالة : Probité morale, rectitude, droiture.

Adar : *Nom d'or. Juda.* Sixième mois du *calendrier hébreu*.

Adhan : *Mot d'or. Musul.* ʾaḏān *('adhân)* أذان : appel à la prière.

Adh-Dharoura : *Mot d'or. Musul.* adh-dharoura الضرورة : Nécessité, Se dit de quelque chose qui est nécessaire.

ʿAdl: *Mot d'or. Musul.* ʿadl *('adl)* عدل : justice.

Afikomen : *Mot d'or. Juda.* Matsa de Pessah cachée pour les enfants.

Agrippa : *Nom d'or. Bibl.* Voir Hérode Agrippa.

Aharon : *Nom d'or. Juda.* Frère de Moïse, Grand-Prêtre.

Ahl al-Bayt : *Mot d'or. Musul.* Ahl al-bayt *(Ahl al-Bayt)* أهل البيت *(ahl : peuple, gens; bayt : maison)* : les gens de la maison, membres de la famille de *Mahomet*.

Ahl al-Kitâb : *Mot d'or. Musul.* Ahl al-kitāb *(gens du Livre)* أهل الكتاب *(ahl : peuple, gens; al-kitāb : livre)* : fidèles des religions monothéistes préislamiques : *juifs, chrétiens.*

Ahl at-Taqwa : *Mot d'or. Musul.* Ahl at-taqwa *(Ahl at-taqwa)* أهل التقوى *(ahl : peuple, gens; taqwa : piété)* : les gens de la piété.

ʾAhzâb : *Mot d'or. Musul.* voir *Hizb*.

Aïd el-Adha : *Mot d'or. Musul.* ʿīd al-ʾaḍḥā, *(fête du sacrifice)* عيد الأضحى : synonyme de Aïd el-Kebir.

Aïd el-Fitr : *Mot d'or. Musul.* ʿīd al-fiṭr, *(fête de la rupture)* عيد الفطر : fête la rupture du *jeûne* du mois de *ramadan.*

Aïd el-Kebir : *Mot d'or. Musul.* ʿīd al-kabīr, *(grande fête)* عيد الكبير : Fête qui rappelle le sacrifice d'*Abraham* et qui marque la fin du pèlerinage *(hajj).*

Aïd es-Seghir : *Mot d'or. Musul.* ʿīd aṣ-ṣaġīr, *(la petite fête)* عيد الصغير : synonyme de Aïd el-Fitr.

Aïd : *Mot d'or. Musul.* Aʿīd *(aïd)* عِيد : fête.

Akh : *Mot d'or. Musul.* āẖ الأخ singulier de *Ikhwan* الإخوان : frère (en islam).

Akhira : *Mot d'or. Musul.* ʾaẖīra *(dernière)* آخرة : la dernière destination, l'au-delà en opposition avec ici-bas *(dunyâ)*.

Akhlaq : *Mot d'or. Musul.* Aẖlāq أخلاق : Règles morales et pratiques morales, caractère d'une personne.

ʿ**Alim :** *Mot d'or. Musul.* عالِم, voir *Ouléma*.

Al-ʾInjîl : *Mot d'or. Musul.* al-ʾinjīl *(l'évangile)* الإنجيل : l'évangile, au singulier, car les *Évangiles* canoniques ne sont pas l'évangile initial aux yeux des musulmans.

Allah : *Mot d'or. Musul.* 'Allāh *('Allâh, Allah)* الله, اللّٰه ou ﷲ : Dieu. Le terme est employé aussi par les chrétiens de langue arabe.

Alléluia : *Mot d'or. Bibl.* Expression hébraïque signifiant « Louer le Seigneur » ou « Vivre le Seigneur » (Ps 106, 48).

Alliance : *Mot d'or. Bibl.* 1. Terme technique qui désigne une sorte de pacte. Les mentions les plus nombreuses concernent l'alliance que Dieu établit. – soit avec l'humanité tout entière en la personne de Noé (Gen 9.9-17),- soit avec un homme comme Abraham (Gen 15.18) ou David (Ps 89.4.5), - soit avec le peuple d'Israël (Ex.19.5-6), - soit enfin, avec tous ceux qui croient en Jésus-Christ (Luc 22.20 ; 1Cor 11.25). 2. Dans l'Ancien Testament, la conclusion d'une alliance s'accompagne d'engagements réciproques, de malédictions prononcées contre le partenaire qui les trahirait, et parfois d'une cérémonie sacrificielle (Gen 15.9-18 ; Ex 24.3-8 ; Jér 34.13-22).

Aloès : *Mot d'or. Bibl.* Substance parfumée, tirée d'une plante, que les juifs rependaient sur les bandes de lin dont ils entouraient un corps avant de l'enterrer.

Alpha : *Mot d'or. Bibl.* Premier lettre de l'alphabet grec. Oméga est la dernière lettre de cet alphabet. L'expression « Je suis l'Alpha et l'Oméga » (Apoc 1.8 ; 21.6 ; 22.13) signifie « Je suis le premier et le dernier ».

'Amal : *Mot d'or. Musul.* 'Amal عمل : Actions, comportement.

Amân : *Mot d'or. Musul.* ʾAmān, أمان : acte de clémence, saufconduit.

Ame : *Mot d'or. Bibl.* On croit souvent que l'âme est la partie immatérielle, spirituelle de l'homme, à différencier du corps. Cette pensée dualiste est issue de la culture grecque, mais ne correspond pas à l'esprit biblique. La Bible nous décrit tels que nous sommes : une *unité organique*. Une « âme », c'est d'abord la personne en entier, un être vivant, animé d'un souffle de vie. En effet, Dieu créa notre corps et y mit un esprit (souffle) de vie : ainsi l'homme devint une âme vivante (Genèse). *L'âme est donc un esprit incarné*, un principe vital fait de chair. Nous pouvons dire qu'en tant que personnes (âmes), nous avons des composantes corporelle, intellectuelle, émotionnelle et spirituelle, mais toutes ces dimensions forment un tout et ne sont pas des parties distinctes et isolées les unes des autres.

Amen : *Mot d'or. Bibl.* Mot hébreu signifiant « Oui, il en est ainsi » (1 Chron 16.36) ou « Oui, qu'il en soit ainsi » (Nomb 5.22). Il est parfois rendu simplement par « Oui » (Jér 28.6). On pet aussi le traduire par « par en vérité », « certainement »,« sûrement ». Dans Apoc 3.14, il est employé comme titre pour le Christ.

Amida ou Dix-huit bénédictions : *Mot. d'or. Juda.* Prière du judaïsme récitée trois fois par jour, lors de l'office du matin (sha'harit), de l'après-midi (min'ha) et du soir (ma'ariv).

Amorite : *Nom d'or. Bibl.* L'Ancien Testament désigne ainsi une des populations qui occupait la Palestine et les régions situées à l'est du Jourdain avant l'arrivée des tribus israélites. Souvent le terme est synonyme de Cananéens. L'Ancien Testament mentionne également d'autres peuplades vivant en Palestine avant les Israélites, comme les Amalécites, les Guirgachites, les Hittites, les Hivites, les Horites, les Jébusites et les Perizites (Gen 15.19-21 ; Nomb 13.29 ; Deut 7.1).

Amour de miséricorde : *Expr. d'or. Bibl.* De l'amour qui lie deux personnes en fonction de leurs qualités humaines ou des circonstances heureuses, passons maintenant à l'amour qui se porte vers quelqu'un *malgré* ses péchés ou plus simplement *malgré* un manque de valeurs susceptibles d'attirer l'amour. 1 *Raḥamîm, raḥam :* Une autre parmi les expressions caractéristiques de l'hébreu est *raḥamîm*. Le terme désigne premièrement une partie du corps, et pas n'importe laquelle, les entrailles. Dans son usage imagé, elle exprime la pitié. Le *rèḥèm :* Le terme *raḥamîm*, une forme plurielle, provient du singulier *rèḥèm*. On le trouve par exemple en Gn 20, 18 et Ps 22, 11. Le caractère concret de l'expression apparaît rapidement. Ainsi, pour dire qu'une femme est enceinte, phénomène inexplicable à l'époque, on dira que Dieu lui a ouvert le *rèḥèm* (Gn 29, 31 ; 30, 22). Dans le cas contraire, Dieu lui a fermé les entrailles (1 Sm 1, 5). On lit ainsi en Job 31, 15 : « Ne les a-t-il pas créés comme moi dans le ventre (*bètèn*) ? Un même [Dieu] nous forma dans le *rèḥèm* ». 2. Le siège des émotions : Par extension, la forme plurielle de *rèḥèm, raḥamîm,* désigne le siège des émotions. En fait, il est utilisé dans la plupart des cas pour désigner le sentiment *de pitié*. Un exemple assez clair se trouve dans le célèbre récit du jugement de Salomon. Il lui est demandé d'arbitrer le conflit qui oppose deux mères dont l'une a perdu son enfant et réclame l'enfant de la première. De manière forte judicieuse, Salomon propose que l'enfant soit mis à mort en présence des deux femmes. La réaction immédiate de la mère de l'enfant orientera infailliblement le jugement du roi : La femme dont le fils vivait s'adressa au roi, car ses entrailles s'étaient enflammées pour son fils, et elle dit : "S'il te plaît, Monseigneur ! Qu'on lui donne l'enfant vivant, qu'on ne le tue pas !" (1 R 3, 26). Gn 43, 14 : « Qu'El Shaddaï vous fasse trouver pitié (*raḥamîm = charin*) auprès de cet homme et qu'il vous laisse ramener votre autre frère et Benjamin. Pour moi, que je perde mes enfants si je dois les perdre ! » Gn 43, 30 : « Joseph se hâta de sortir, car ses entrailles s'étaient émues pour son frère et les larmes lui venaient aux yeux : il entra dans sa chambre et là, il pleura. » Dt 13, 18 : « De cet anathème tu ne garderas rien, afin que le Seigneur revienne de l'ardeur de sa colère, qu'il te fasse miséricorde comme il l'a juré à tes pères. » Ne 9, 19 : « Toi, dans tes grandes (ou nombreuses) entrailles, tu ne les as pas abandonnés au désert ; la colonne de nuée ne s'écarta point d'eux pour les guider de jour sur la route, ni la colonne de feu la nuit, pour illuminer devant eux la route où ils chemineraient. » Voir aussi v. 28.31. Ps 25, 6 : « Souviens-toi de tes entrailles, Seigneur, de ta *ḥèsèd,* car ils sont de toujours. » Ps 40, 12 : « Toi, Seigneur, tu ne mettras pas un terme (*kala'*) pour moi à tes entrailles ! Ton amour et ta vérité sans cesse me garderont. » Ps 69, 17 : « Réponds-moi, Seigneur, car bon [est] ta *ḥèsèd* ; selon ta grande pitié (*rôb raḥamèkha*), regarde vers moi. » Ps 103, 4 : « Qui rachète à la fosse ta vie, qui te couronne de *ḥèsèd* et de *raḥamîm* ». 3. Dans le Nouveau Testament : Les écrits du Nouveau Testament ont conservé l'expression hébraïque en plusieurs passages, y compris chez Paul. On y trouve le substantif, *splagchna,* mais aussi un verbe construit sur lui (donc"dénominatif"), *splagchnizesth ai,* etc. Le père de Jean-Baptiste, dans le cantique qu'il prononce après la naissance de l'enfant, proclame : « Tu seras appelé prophète du Très-Haut ; car tu marcheras devant le Seigneur, pour lui préparer les voies, pour donner à son peuple la connaissance du salut par la rémission de ses péchés, grâce aux entrailles de miséricorde de notre Dieu… » (Lc 1, 78). Toujours chez Luc, Jésus lui-même décide de redonner vie à l'enfant de la veuve de Naïm parce qu'il a senti ses entrailles se serrer de pitié : « En la voyant, le Seigneur ressentit de la pitié (*esplagchnisthè*) pour elle et lui dit… » (Lc 7, 13). Le même rôle de la pitié se trouve dans la parabole du débiteur impitoyable de Matthieu (Mt 18, 27). Dans les fameuses paraboles lucaniennes du Bon Samaritain (ch. 10) et de l'enfant prodigue (ch. 15), les deux protagonistes modifient radicalement leur attitude parce qu'ils obéissent au sentiment de pitié qu'ils éprouvent face au moribond et au fils perdu. Chez saint Paul, le terme *splagchna* est utilisé à six reprises pour indiquer l'affection que des chrétiens éprouvent pour leurs frères : 2 Co 6, 12 ; 7, 15 ; Ph 2, 1 ; Col 3, 12 ; Phm 1, 7.12.20. L'apôtre se réfère même aux « entrailles du Christ Jésus » pour qualifier l'amour qu'il a pour les Philippiens (Ph 1, 8). La première lettre de Jean dénonce le comportement de celui qui « ferme ses entrailles » face au démuni (1 Jn 3, 17). On trouve encore l'adjectif rare, *eusplagchnos* : littéralement, il qualifie la personne « dont les entrailles sont saines » (Eph 4, 32 ; 1 P 3, 8).

Amour, Aimer, *'ahab : Mot d'or. Bibl.* 1. Le terme hébreu le plus courant et le plus simple pour désigner l'amour est *'ahab.* Il correspond au français « aimer ». 2. On lit au début du Cantique des cantiques : « L'arôme de tes parfums est exquis; ton nom est une huile qui s'épanche, c'est pourquoi les jeunes filles t'aiment » (Ct 1, 3). C'est ainsi qu'Abraham « aime » Isaac son fils (Gn 22, 2) ; de même Isaac dont il est dit qu'il peut épouser Rébecca par amour et pas seulement par arrangement des familles concernées (Gn 24, 67). 3. Selon le Dt 4, 37-38, Dieu a « aimé » les pères, et cet amour l'a conduit à choisir Abraham et sa descendance et à tout faire pour lui assurer son bien-être, à commencer par la faire sortir d'Égypte. 4. Dans l'Exode, Dieu se définit comme un Dieu fidèle pour ceux qui l' « aiment », c'est-à-dire qui gardent ses commandements (Dt 5, 10 ; Ex 20, 5-6). C'est d'ailleurs le verbe utilisé dans la fameuse déclaration : « Tu *aimeras* le Seigneur ton Dieu de tout ton cœur... » (Dt 6, 4-8). C'est de cet amour que l'on doit aimer son prochain (Lv 19, 18.34).

Anciens : *Nom d'or. Bibl.* 1. Dans l'Israël de l'époque biblique, les *anciens* sont les chefs de famille ou de clan. Les Anciens d'une même ville formaient un conseil très responsable, qui dirigeait la cité et rendait la justice. Ils étaient les gardiens de la tradition. 2. Le Nouveau Testament utilise le terme d'*anciens* pour désigner les membres des trois groupes différents : - Dans les évangiles les *anciens* sont les chefs religieux juifs, dont plusieurs faisaient partie du Conseil supérieur. - Dans Act 11-21 et dans les lettres adressées aux communautés chrétiennes, les *anciens* sont des chrétiens ayant une responsabilité dans la direction des Eglises locales. - Dans l'Apocalypse, les vingt quatre anciens font partie de la cour-céleste de Dieu ; ils représentent peut-être symboliquement l'ensemble du peuple de Dieu.

Ange : *Mot d'or. Musul.* 1. Les anges sont des êtres de *nature spirituelle* (avec un corps non fait de chair comme nous), ***messagers de Dieu*** (littéralement les mots hébreu et grec traduits par « ange » veulent dire « messager, envoyé »). Invisibles pour les hommes, ils sont au service de Dieu et forment « l'armée du ciel » (terme souvent usité dans la Bible). La Bible cite le nom de certains (Gabriel -celui qui annonce la naissance de Jésus à Marie-, Micaël). Les anges, comme les hommes, sont des créatures et ne font donc pas l'objet d'une dévotion. Comme les hommes, ils ont un libre arbitre et certains se sont rebellés ouvertement contre Dieu. Ces derniers sont appelés anges déchus ou démons. 2. Dans l'Ancien Testament, un ange est très spécial par rapport aux autres : c'est *l'Ange de l'Eternel*. En effet, il est à la fois distinct et identique à Dieu, parlant et agissant en Son nom et sa présence équivaut à celle de Dieu. Il s'agit de Jésus-Christ lui-même, le seul être à manifester la nature et la présence de Dieu. Ainsi, dès l'Antiquité, le Christ s'est-il manifesté aux croyants, les amenant à placer leur foi dans le Dieu qui fait grâce et pardonne les péchés. C'est lui par exemple qui parlait à Abraham et à Moïse (Genèse 19 ; Exode 24:10).

Ange : *Nom d'or. Bibl.* 1. Les anges sont des *envoyés* ou des *messagers* de Dieu (Gen 28.12). 2. Ils sont parfois aussi les exécutant des décisions prises par Dieu (2 Sam 24.16 ; Dan 4.14). 3. Quand il est parlé de *l'ange du Seigneur,* ce peut-être une manière indirecte d'indiquer une intervention de Dieu lui-même (Jug 13.3, 20-22).

Année sabbatique (une) : *Exp. d'or. Bibl. "J'arrête d'enseigner et je prends une année sabbatique pour monter mon entreprise". Lévitique 25, 1-7* : cette expression fait référence au *sabbat,* le septième jour, le jour du repos. Dans la Bible, Dieu impose, à travers Moïse, aux fils d'Israël, aux animaux et aux terres cultivées une année de repos tous les sept ans. De nos jours l'expression *"une année sabbatique"* se dit lorsqu'un salarié demande un repos exceptionnel afin de réaliser un projet personnel.

Ansar : *Nom d'or. Musul.* ʾAnṣār *(ansâr)* أنصار : partisan, auxiliaire, désigne les *compagnons* de *Mahomet* origin aires de *Médine* pour les distinguer des *muhâjirûn* s'étant expatriés de *La Mecque* pour le rejoindre.

Antijudaïsme : *Mot. d'or. Juda.* Hostilité à l'égard de la *religion juive.*

Antisémitisme : *Mot. d'or. Juda.* discrimination, hostilité ou préjugés à l'encontre des Juifs.

ʾAʿoudhou bi-llah : *Exp. d'or. Musul.* ʾAʿūḏu bi-llāh أعوذ بالله : « Je cherche la protection d'Allah ! ».

Apocaplypse / Antéchrist : *« Apocalypse » : Nom d'or. Bibl.* Le nom grec du dernier livre de la Bible, qui signifie« révélation/dévoilement ». Dans ce récit, l'apôtre Jean expose la vision que Jésus lui a donnée concernant ce qui va arriver à la fin des temps (ou fin du monde). Le terme, passé dans le vocabulaire courant, désigne quelque chose de dramatique, d'horrible. Effectivement, la bible dit que dans l'humanité, loin de s'améliorer, ira de mal en pis, finissant par aboutir à une société totalement inique contrôlée par un dictateur pervers se proclamant Dieu : l'*antéchrist.* Cependant, bien qu'en partie annonciateur de malheurs, le livre de l'apocalypse est un livre d'encouragement pour les croyants. En effet, Jésus vient réconforter tous ceux qui aiment la justice, la vérité et l'amour en leur annonçant une heureuse issue. Il reviendra sur terre pour mettre fin de façon définitive au règne du mal et pour juger les hommes (voir jugement dernier). Les hommes méchants seront châtiés avec justice tandis que tous ceux qui restent fidèles à Dieu seront délivrés et secourus. Jésus récompensera ceux qui auront accepté Dieu dans leur vie. Une nouvelle terre dépourvue de la présence du péché sera créée : tous ceux qui auront été droits pendant leur vie et tous ceux qui auront confié leur vie à Jésus y vivront pour l'éternité en présence de Dieu. « *Dieu lui-même sera avec eux. Il essuiera toute larme de leurs yeux, et la mort ne sera plus. Il n'y aura plus ni deuil, ni cri, ni douleur, car les premières choses ont disparu* » (Apoc. 21:3-4). C'est ce qu'on appelle le paradis.

Apôtre : *Nom d'or. Bibl.* 1. Ce titre désigne un *envoyé* du Christ. 2. Le Nouveau Testament (surtout Luc et Actes) l'attribue notamment aux douze hommes que Jésus avait choisis pour l'accompagner. Mais Paul, parce qu'il a vu le Christ ressuscité, revendique ce titre lui aussi (1 Cor 9,1 ; Gal 1.1). 3. Le Nouveau Testament appliqué également cette appellation à d'autres personnes connues pour leur activités missionnaires (Act 14. 14 ; Rom 16.7).

ʿ**Aqîda** : *Mot d'or. Musul.* ʿAqīda *(dogme)* عقيدة singulier de 'aqaîd عقائد : article de foi ; doctrine ; croyance.

Arbayn : *Mot d'or. Musul.* ʾArbaʿīn, أربعين, de ʾarbaʿūna (*quarante*), أربعون : fête chiite de la fin du deuil, 40 jours après l'*Achoura.*

Archange : *Nom d'or. Bibl.* Un chef des anges.

Arche : *Nom d'or. Bibl.* Volumineux bateau construit par Noé, dans lequel lui-même, sa famille et les animaux échappèrent à la grande inondation (ou déluge). Voir Gen 6.9-8.19. A ne pas confondre avec l'Arche de l'alliance, appellation que certaines versions utilisent pour le coffre sacré.

Aréopage : *Nom d'or. Bibl.* 1. Colline d'Athènes où se réunissait le Conseil de la ville. 2. Le nom en vint à designer ce Conseil, même lorsqu'il ne siégea plus sur cette colline.

Aron hakodesh : *Nom d'or. Juda. Arche de sainteté* meuble ou monument situé dans toutes les *synagogues* pour conserver le *Sefer Torah.*

Arone Hakodèch : *Mot d'or. Juda.* Arche sainte.

Artémis : *Nom d'or. Bibl.* Nom grec d'une ancienne déesse de la fertilité, adorée principalement en Asie Mineur.

Ashkénaze : *Nom d'or. Juda.* Membre d'une communauté juive installée ou originaire du bassin rhénan, à cheval entre le nord de la France et la Rhénanie, avec ses propres lois, son propre rite et sa propre prononciation de l'hébreu ; selon une tradition talmudique, ce territoire aurait été peuplé après le Déluge par *Ashkenaz*, fils de Gomer, petit-fils de Japhet et arrière-petit-fils de Noé. Le judaïsme ashkénaze est l'une des principales composantes du monde juif avec le judaïsme *séfarade.*

As-Salam Alaykoum : *Expr. d'or. Musul.* As-salām ʿalaykum السلام عليكم : littéralement « Que la paix soit sur vous ». La réponse à ce salut est *wa ʿalaykum as-salām*, و عليك السلام : « Et que sur vous soit la paix ».

Asseret Hadibrot : *Mot. d'or. Juda.* « les dix commandements », instructions morales et religieuses prononcées, selon la tradition biblique par le dieu d'Israël lui-même lors du *don de la Torah sur le mont Sinaï.*

Assour : *Mot d'or. Juda.* Interdit.

Astaghfiroullah : *Expr. d'or. Musul.* ʾAstaḡfiru llāha أستغفر الله : « Que Allah me pardonne ».

Astarté : *Nom d'or. Bibl.* Déesse de l'amour et de la fécondité, dont le culte était très répandu dans le Proche-Orient. Elle est parfois confondue avec Achéra.

At-Ta'a : *Expr. d'or. Musul.* At-ta'a الطاعة : Obéissance (en vue d'apporter le bien-être).

Au-delà : *Expr. d'or. Musul.* Voir *Akhira* ou *Maʿâd.*

Auguste : *Nom d'or. Bibl.* Un des titres de Caïus Octavus, empereur romain de 27 avant J.C. à 14 après J.C. (Luc 2.1).

Autel : *Mot d'or. Bibl.* 1. Emplacement en forme de table, où sont offerts les sacrifices. 2. Les angles supérieurs de l'*autel*, relevés (Ex 27.2), étaient considérés comme la partie la plus sacrée de ce lui-ci. 3. Au sanctuaire de Jérusalem, on utilisait deux autels : l'*autel* du parfum (Ex 30.1-10), placé dans le bâtiment central du temple, et l'*autel* des sacrifices (Ex 27.17-7), placé devant ce bâtiment.

Av : *Mot d'or. Juda.* Mois austère.

Av : *Nom. d'or. Juda.* Onzième mois du *calendrier hébreu.*

ʾ**Awliya**ʾ : *Expr. d'or. Musul.* ʾAwlīaʾ, أولياء pluriel de *Walîy.*

Awra : *Mot. d'or. Musul.* ʿAwra *(ʿawra)* عورة : Les parties du corps qui ne peuvent être dévoilées qu'à la famille.

Aya : *Mot d'or. Musul.* ʾāya *(âya, signe)* آية pl. ʾāyāt *(âyat, signes)* آيات : signes, miracles, puis par extension *verset(s)* du *Coran.*

Ayatollah : *Nom d'or. Musul.* ʾāya allāh *(Ayatollah)* آية الله : signe de Allah ; titre des religieux chiites du plus haut rang.

ʿ**Azl** : *Mot d'or. Musul.* ʿAzl *(coït interrompu, coitus interruptus)* عزل : le fait d'interrompre l'acte sexuel avant l'éjaculation.

Alya : *Mot rel. com.* c'est une « montée ». Désigne le retour en terre d'Israel.

Ashkénaze : *Mot rel. com.* Juif d'origine germanique (allemagne), puis ensemble des juifs d'Europe centrale et orientale.

Baal : *Nom d'or. Bibl.* 1. Nom d'un dieu adoré par les plus anciens habitants du pays de Canaan. 2. Ce nom signifiait « le maître » ou « le propriétaire ». *Baal* était considéré comme le maître de la nature ; on lui attribuait le pouvoir de rendre les champs fertiles et les troupeaux féconds. La pratique de la religion du *Baal* s'accompagnait souvent de prostitution sacrée et fut vigoureusement combattue par les prophètes.

Babylone : *Nom d'or. Bibl.* 1. Capitale de l'empire néo-babylonien (605-539 avant J.C.) ; son nom désigne parfois l'ensemble de cet empire. 2. Le nom de *Babylone* est devenu également le symbole du pouvoir qui s'oppose à Dieu (Dan 4.27 ; Apoc 14.8). 3. Dans le Nouveau Testament, il désigne probablement, de manière symbolique, la ville de Rome (1 Pi 5.13 ; Apoc 17.5).

Bachan : *Nom d'or. Bibl.* Haut plateau situé à l'est du lac de Génésareth, célèbre par ses forêts de chênes et ses élevages des gros bétails.

Bachar : *Mot d'or. Musul.* Bašar *(humanité)* بشر : le genre humain ; l'humanité.

Baiser de Judas (le): *Exp. d'or. Bibl.* *"Je n'ai pas confiance en cet homme, il serait capable d'un baiser de Judas".* Relions l'évangile de *Saint Jean (18, 1-9)* Jésus et ses disciples sont au pied du Mont des Oliviers, dans le jardin de Gethsémani. Judas, un de ses douze apôtres, propose aux religieux de leur dénoncer ce Jésus présenté comme un fauteur de troubles. En échange de trente pièces d'argent, il leur propose d'amener les soldats là où se trouve Jésus et de le leur désigner en l'embrassant, ce qu'il fait effectivement. C'est depuis cette triste histoire qu'un judas est un traître et qu'un *baiser de Judas* est une traîtrise.

Balaam : *Nom d'or. Bibl.* Personnage originaire de Petor, près du fleuve Euphrate. Balac, roi de Moab, lui demanda de maudire le peuple d'Israël (voir Balac).

Balac : *Nom d'or. Bibl.* Roi de Moab, pays au sud-est de la mer

Morte. Il entraîna le peuple d'Israël à adorer les idoles (Nomb 22.1-24.25 ; Apoc 2.14).

Balad: *Nom d'or. Musul.* Balad *(bled)* بلد : pays ; cîté ; ***bled.***

Banoû : *Mot d'or. Musul.* Banū (pl.) *(descendants de)* بنو: dynastie; tribu. Exemple : al-umawīun الأمويون ou banū umaīya بنو أمية : les Omeyyades ; la dynastie omeyyade. Devient banī بني en position de complément de nom ou d'objet.

Bar Mitzvah : *Mot. d'or. Juda.* 1. Communion juive du jeune garçon juif qui atteint sa majorité religieuse, en principe à 13 ans. 2. A 13 ans, le jeune garçon atteint la majorité religieuse et revêt pour la première fois le " talit" châle blanc muni de franges dont les hommes se couvrent la tête durant les offices. A son bras, il lie les "Tefillin ".Il lit un chapître de la "thorah". Desormais, il doit observer les rîtes et peut faire partie des 10 hommes nécessaires pour célébrer un office public.

Bar/Bat-Mitsva : *Mot d'or. Juda.* Religieusement majeur(e).

Barakah : *Mot d'or. Musul.* Baraka *(baraka ; bénédiction)* بركة : bénédiction (divine).

Barzakh : *Mot d'or. Musul.* barzaẖ برزخ : intervalle ; séparation ; (géogr.) isthme. Passage du défunt du monde des mortels à l'au-delà.

Basîra : *Mot d'or. Musul.* Baṣīra *(discernement)* بصيرة : discernement ; perspicacité ; dans le *soufisme* la capacité de percevoir la vérité transcendante.

Bas-Pays : *Nom d'or. Bibl.* 1. Au sens restreint, cette appellation désigne la région de collines situées entre la plaine côtière de la mer Méditerranée et la montagne centrale de Juda (Jos 15.33-36). 2. L'expression est parfois employée à un sens plus large, qui englobe la plaine côtière tout entière (Deut 1.7).

Bassari : *Mot d'or. Juda.* Aliment à base de viande.

Bat Mitsvah : *Mot. d'or. Juda.* Communion juive de la jeune fille juive qui atteint sa majorité religieuse, en principe à 12 ans.

Bat Tsiyon : *Nom d'or. Juda.* Fille de *Sion*, surnom et personnification de *Jérusalem.*

Batèl béchichim : *Mot d'or. Juda.* Annulation par le 60ème. Lorsque dans un plat dont les aliments ne sont pas dissociables les uns des autres, et qu'une quantité de lait tombe dedans, si la quantité de lait est inférieure à 1/60ème du reste du plat, ce n'est pas un problème, le lait est annulé par le reste des aliments.

Batèl Bérov : *Mot d'or. Juda.* Annulation par la majorité. Lorsque dans un plat dont les aliments sont dissociable les uns des autres, et qu'une quantité de lait ou de sang tombe dedans ou se trouve déjà à l'intérieur (œufs), celle-ci est annulée si les autres aliments sont en majorité.

Batin : *Mot d'or. Musul.* Bāṭin *(ésotérique)* باطِن : occulte; secret; ésotérique. Terme de *soufisme* en opposition avec exotérisme *(zâhir).*

Bay'ah : *Expr. d'or. Musul.* Bayʿa *(allégeance)* بيعة: serment d'allégeance.

Bayt Allâh : *Nom d'or. Musul.* Bayt allāh *(mosquée)* بيت الله : maison de Allah ; *mosquée.*

Bè'our 'hamèts : *Mot. d'or. Juda.* Destruction du 'Hamèts.

Bédikat 'hamèts : *Mot d'or. Juda.* Recherche du 'Hamèts.

Béelzébul : *Nom d'or. Bibl.* Nom donné au diable en tant que chef des esprits mauvais (Matt 10.25 ; 12.24).

Beit din : *Nom. d'or. Juda.* 1. Maison du Jugement. 2. Tribunal religieux composé normalement de *rabbins.* 3. Tribunal civil .Tribunal militaire. Tribunal religieux.

Beith Knesset : *Mot. d'or. Juda.* Mot *hébreu* pour *synagogue.*

Bémidbar : *Mot d'or. Juda.* Nombres.

Ben : *Nom d'or. Musul.* Bin *(fils de)* بن: *fils de* dans les filiations dérive de ibn ابن: fils.

Bene Israël : *Nom. d'or. Juda.* Fils d'Israël, Juifs originaires de *Bombay, Kolkata, Delhi* et *Ahmad abad* de langue maternelle *marathi.*

Bénir, bénédiction : *Mot d'or. Bibl.* 1. Dire que Dieu *béni* un être humain, c'est dire qu'il lui veut du bien et lui accorde di bonheur (Gen 1.28; 12.3, etc.) 2. Quand un être humain en *bénit* un autre, il demande en fait à Dieu de *bénir* celui-ci (Gen 48.9-16).

Benjamin : *Exp. d'or. Bibl. "Je m'appelle Yves et je suis le* ***benjamin*** *d'une famille de sept enfants"* De l'Ancien Testament *Genèse 35, 18* : "Son père l'appela *Benjamin*, c'est-à-dire fils de la droite". *Benjamin* est le dernier des douze fils de Jacob. Aujourd'hui encore, le benjamin désigne le dernier-né d'une fratrie.

Bérakhot : *Mot. d'or. Juda.* Bénédictions.

Bérèchit : *Mot d'or. Juda.* Genèse.

Bérénice : *Nom d'or. Bibl.* La sœur du roi Hérode Agrippa II.

Bereshit : *Mot. d'or. Juda.* 1. premier livre de la Torah, connu en français sous le nom de *livre de la Genèse.* 2. *Bereshit (parasha),* première *parasha* de ce livre (selon le cycle de lecture annuel).

Berger : *Nom d'or. Bibl.* 1. Homme chargé de conduire un troupeau vers un pâturage et de veiller à la sécurité des moutons et des chèvres qui lui sont confiés. 2. Dans la Bible ce terme sert souvent d'image pour désigner les dirigeants du peuple d'Israël (Ezék 34.2, 5, 7,8, etc.). 3. Dieu lui-même est qualifié de *Berger* (Ezék 34.11-16 ; Ps 23.1 ; 80.2), et Jésus se présente comme le *Berger* donnant sa vie pour ceux qui lui ont été confiés (Jean 10.11).

Beta Israel : voir *Falashas*.

Beth-Din : *Mot d'or. Juda.* Tribunal rabbinique.

Beth-Knesset : *Mot d'or. Juda.* Synagogue.

Beth-Mikdach : *Mot d'or. Juda.* Temple de Jerusalem.

Bichoul nokhri ou Bichoul goy : *Mot d'or. Juda.* Cuisson faite par un non-juif.

Bid'a : *Mot d'or. Musul.* Bid'a *(hérésie)* بدعه : innovation ; idée nouvelle considérée comme une hérésie.

Bimah : *Nom d'or. Juda.* Estrade d'où est lue la *Torah* dans les *synagogues*.

Bint : *Nom d'or. Musul.* Bint *(fille de)* بنت: *fille de* dans les filiations dérive de ibna ابنة: fille. ;

Birkat Cohanim: *Mot d'or. Juda.* Bénédiction des prêtres.

Birkat Halévana: *Mot d'or. Juda.* Bénédiction de la lune.

Birkat hamazone: *Mot d'or. Juda.* Bénédiction finale d'un repas comportant du pain.

Bismillah ar-Rahmân ar-Rahîm : *Expr. d'or. Musul.* Abrégé en *Bismillah / Basmala*, bi-smi-llāhi r-raḥmāni -r-raḥīmi بسم الله الرحمن الرحيم: Au nom de Allah le tout miséricordieux, le très miséricordieux.

Bnei Israël : *Mot. d'or. Juda.* Fils d'Israël, au sens restreint les douze fils de Jacob, au sens large les Israélites et plus précisément les juifs.

Bouc émissaire(le) : *Exp. d'or. Bibl. "Cet élève est le bouc émissaire de la classe" (Lévitique 16, 20-25).* Chez les Juifs, le Yom Kippour est la fête de l'expiation. Dans la Bible, ce jour de l'expiation, le prêtre chargeait symboliquement un bouc, par des imprécations et des malédictions, de tous les péchés d'Israël. Puis ce bouc était chassé sous le nom d'Azazel ("l'*émissaire*" ou le *"renvoyé"*) aux confins du désert pour s'y perdre et disparaître. *Le bouc émissaire* est la personne sur laquelle on fait retomber tous les torts et toutes les responsabilités. On l'accuse de tous les malheurs qui surviennent.

Brebis : *Nom d'or. Bibl.* 1. Au sens propre, la brebis est la femelle dans l'espèce ovine (moutons). 2. Au sens figuré, ce terme est employé pour designer dans l'Ancien Testament, les membres du peuple de Dieu (Jér 50.6 ; Ps 119.176 ; comparer Ezék 34) et dans le Nouveau Testament, ceux qui croient en Jésus-Christ et font partie du troupeau dont il est le Berger (Jean 10.1-16).

Brit milah : *Mot. d'or. Juda.* Circoncision à huit jours du jeune garçon né de parents juifs, ou lors d'une conversion au judaïsme.

Brit-Mila : *Mot d'or. Juda.* Circoncision.

Cacherouth : *Mot. d'or. Juda.* 1. Code alimentaire du *judaïsme*, l'un de ses principaux fondements. 2. ensemble des règles de pureté concernant essentiellement l'alimentation. Concerne l'abattage des animaux de boucherie et l'interdiction de mélanger les produits laitiers à la viande.

Cachet : *Nom d'or. Bibl.* Petit objet gravé en creux et pouvant être porté au doigt (anneau) ou au moyen d'un cordon attaché autour du cou (Cylindre Voir Gen 38.18). Il servait à marquer les objets personnels ou à signer et authentifier les lettres et les documents émanant de quelqu'un.

Calame : *Mot d'or. Musul.* Voir *Qalam.*

Calendrier : *Nom d'or. Bibl.* LE MOIS : On trouve dans l'Ancien Testament des traces du calendrier de l'ancien Israël, qui faisait commencer l'année en automne (voir Ex 23.16 ; Lév 23 : 24 et les notes). Cependant à partir du sixième siècle avant J.C., on a utilisé le calendrier babylonien, qui fait commencer l'année au printemps. Les mois de l'année sont identifiés très souvent par leur numéro d'ordre et quelquefois par leur nom. Ainsi le premier mois correspondant à la seconde moitié de mars et à la première moitié d'avril dans notre calendrier est cité parfois comme le mois d'*Abid* (nom cananéen) ou comme le mois de *nisan* (nom babylonien). En partant du premier mois (mars-avril), on peut aisément retrouver à quelle période de l'année correspond chaque mois cité. Le deuxième mois, par exemple, correspond à avril-mai, le troisième à mai-juin et ainsi de suite.

Califat: *Mot d'or. Musul.* Hilāfa *(khalifat ; califat)* خلافة : califat ;

Calife : *Nom d'or. Musul.* Halīfa *(calife, khalife)* خَلِيفَة : successeur de *Mahomet*, dirigeant de l'*oumma.*

Capharnaüm (un) : *Exp. d'or. Bibl.* *"Regarde l'état de ta chambre : quel désordre, quel capharnaüm !! "* Dans l'évangile de *Marc (2, 1-2)*, on lit : "Quelques jours après Jésus rentra à *Capharnaüm* et l'on apprit qu'il était à la maison. Et tant de monde s'y rassembla qu'il n'y avait plus de place même devant la porte". Le sens de ce mot : c'est un lieu plein d'objets entassés n'importe comment.

Casherout, cashérisation : *Mot d'or. Juda.* Lois alimentaires.

Céleste : *Mot d'or. Bibl.* Voir Ciel

Cha`abân : *Nom d'or. Musul.* šaʿabān شعبان : nom du huitième mois du *calendrier musulman.*

Cha'atnèz : *Mot d'or. Juda.* Mélange de lin et de laine.

Cha'harit : *Mot d'or. Juda.* Office du matin.

Chabbat : *Mot d'or. Juda.* Jour de repos.

Chabbat : *Mot. d'or. Juda.* Septième jour de la semaine juive, jour de repos.

Chafʿ : *Mot d'or. Musul.* Šafʿ *(pair)* شفع : prière surérogatoire comportant un nombre pair de prosternations célébrée après la *prière canonique* de *Isha* cette prière est suivie de la prière de *Witr.*

Chahada : *Mot d'or. Musul.* Šahāda *(profession de foi)* شَهَادَة : témoignage, profession de foi (un des cinq *piliers de l'islam).*

Chahid : *Nom d'or. Musul.* šahīd *(martyr)* شَهيد : témoin ; martyr. Un chahid est considéré comme vivant auprès d'Allah, c'est pour cela que les musulmans n'accomplissent pas la prière de funérailles pour un chahid.

Chair : *Nom d'or. Bibl.* Ce mot biblique a plusieurs sens : 1. – il désigne *le corps* d'un être vivant. L'apôtre Jean dit ainsi que la Parole de Dieu a été faite chair, c'est-à-dire s'est incarnée, a pris forme humaine dans la personne de Jésus. – il désigne aussi *le véhicule du péché* en nous. Dans ce cas, ce n'est pas notre corps, mais plutôt un principe qui ne peut être représenté et qui est le siège du mal en nous. Ce principe du mal, présent en chacun de nous (à la fois dans notre corps et dans notre pensée), nous pousse à faire de mauvais choix, à parler ou à agir de manière purement égoïste ou malsaine. Il s'oppose à l'Esprit de Dieu qui voudrait nous guider vers le bien : « *car je sais qu'en moi -je veux dire dans ma chair- le bien n'habite pas : vouloir le bien est à ma portée, mais non pas l'accomplir...* » ; « *la chair tend à la mort, mais l'Esprit tend à la vie et à la paix* » (Epître de St Paul aux Romains ch.7 v.18 et ch.8 v.6). Les « passions charnelles » désignent les excès en tout (pas seulement la luxure, mais aussi la colère, l'amour possessif, l'amour de l'argent…). 2. Malheureusement, pendant longtemps, à cause d'une mauvaise compréhension de ce double sens, beaucoup ont cru que notre corps et ce qui le concerne (le sexe, la nourriture) était la cause de nos dépravations. Cela a été source de pénitences corporelles diverses et variées, totalement injustes et inutiles. Faire souffrir le corps ne peut pas éradiquer le mal en l'homme. En revanche, l'apôtre Paul nous dit que *Jésus est venu apporter le seul remède au problème du péché* : il s'est sacrifié, il est mort pour chacun(e) de nous, afin que nous puissions vaincre la chair et ses désirs égoïstes. C'est par la foi, en recevant Jésus dans notre vie, que nous pouvons expérimenter cette vérité : l'Esprit de Dieu vient en nous et nous donne les capacités de faire le bien et de refuser la voie du mal. 3. Colère de Dieu / Condamnation. 4. Il faut, pour appréhender ce concept, se débarrasser au préalable de notre a priori et de nos préjugés sur Dieu. En effet, certains ont en eux l'image d'un Dieu en permanence ou très facilement courroucé, prompt à punir toute désobéissance voire même tout acte de bonté envers nous-mêmes. D'autres au contraire sont tellement persuadés que Dieu est amour, que pour eux l'enfer (lieu de châtiment des méchants ; voir ce mot) n'existe pas. 5. La difficulté pour nous à concilier l'amour de Dieu et sa colère, vient du fait que Dieu se présente dans la Bible comme un Dieu qui nous aime plus que tout et en même temps qui exècre le mal que nous faisons ou pensons. Nous sommes souvent incapables de faire cette distinction. Soit nous faisons confiance à une personne (ou à nous-mêmes) et nous considérons parfois inconsciemment qu'elle ne peut faire de fautes ou d'erreurs ; soit nous rejetons celui ou celle qui nous a fait du mal, incapables de discerner en cette personne ses bons côtés et le fond de son cœur. 6. Dieu, lui, sait pertinemment qu'en nous cohabitent le meilleur et le pire. *Il n'aime pas ce que nous faisons de mal ; il est en colère à cause de ça, mais il ne nous rejette pas pour autant.* Au contraire, c'est son amour pour nous qui l'amène à être en colère, non contre nous, mais contre ce que nous avons fait de mal. Le péché nous nuit, à court ou à long terme. Parce que Dieu tient à nous, il est profondément attristé pour nous lorsque nous agissons mal et parce qu'il est pur, juste, plein d'amour, il ressent de la colère par rapport à tout acte ou toute parole qui ne l'est pas. L'amour de Dieu pour nous est un amour passionné, entier, et pur. Il veut pour nous le meilleur, c'est-à-dire que nous puissions être fiers de nous, que nous puissions à son image manifester l'amour, la justice, l'honnêteté, la vérité… **7.** Si Dieu est parfois en colère, il ne passe pas à l'acte pour autant, en nous punissant au moindre faux pas. Car Dieu est sage et maître de lui (« lent à la colère », dit la Bible). Il lui arrive de reprendre quelqu'un, de le corriger (pas forcément au travers d'événements douloureux), mais c'est toujours avec à propos, de façon non disproportionnée et c'est là encore une marque d'amour. La correction est destinée en effet à avertir la personne pour ne pas qu'elle continue dans la mauvaise voie ; elle vise à l'amener à la repentance (voir ce mot) pour qu'elle puisse changer. 8. *A la fin des temps, Dieu jugera tous les hommes selon* *ce qu'ils auront fait de bien ou de mal.* Ce jour (voir jugement dernier) est un sujet d'espérance pour ceux qui se sont confiés en Dieu. Ils n'ont pas à vivre dans la peur d'une sanction car Dieu les accueillera dans son amour (« *l'amour bannit la crainte* » 1Jean ch.4 v.18). Mais Dieu punira ceux qui ont causé le mal autour d'eux sans s'en être repentis, sans en avoir demandé pardon. Ce sera pour eux la condamnation (voir enfer).

Chaloch régalim : *Mot d'or. Juda.* Les 3 fêtes de pèlerinage.

Chamach : *Mot d'or. Juda.* Employé d'une synagogue.

Chapeau juif : *Nom. d'or. Juda.* Chapeau pointu jaune ou blanc imposé aux juifs au *Moyen Âge*.

Chari`a : *Mot d'or. Musul.* Šarīʿa *(charî'a, charia)* شَرِيعَة : chemin, voie, loi, code juridique traditionnel des sociétés musulmanes.

Chavouot : *Mot d'or. Juda.* 1. Fête du don de la Torah. 2. Fête religieuse juive commémorant le don de la Torah et des Dix Commandements.

Chawwal : *Nom d'or. Musul.* šawwāl شوّال : nom du dixième mois du *calendrier musulman* marqué par l'*Aïd el-Fitr* le premier jour de ce mois.

Chaytân : *Nom d'or. Musul.* Voir *Satan*.

Ché'hita : *Mot d'or. Juda.* Abattage rituel.

Chef de chorale : *Nom d'or. Bibl.* Cette expression figure en tête de 55 psaumes et à la fin du chapitre 3 du livre d'Habacuc. On suppose que ce terme ainsi traduit désignait le responsable du chant sacré au temple de Jérusalem.

Cheikh : *Nom d'or. Musul.* Šayẖ *(chaïkh, cheikh ou cheik)* شَيْخ : ancien, chef.

Chékhina : *Mot d'or. Juda.* Présence de D. sur terre.

Chélia'h tsibour : *Nom d'or. Juda.* Officiant.

Chélom Baït : *Mot d'or. Juda.* Entente au sein du couple.

Chema Israël : *Mot. d'or. Juda.* Écoute, [Ô] Israël, deux premiers mots d'une section de la *Bible,* devenue la prière centrale des *offices* matinaux et vespéraux dans le *judaïsme*.

Chéma' Israel : *Mot d'or. Juda.* Profession de foi monothéiste du judaïsme.

Chémini 'Atsèrèt : *Mot d'or. Juda.* Lendemain du 7ème jour de Souccot.

Chémita : *Mot d'or. Juda.* Repos de la terre.

Chémot : *Mot d'or. Juda.* Exode.

Chérif : *Nom d'or. Musul.* Šarīf *(chérif)* شريف : descendant de *Mahomet*.

Chérubins : *Nom d'or. Bibl.* 1. Etres fabuleux souvent nommés dans l'Ancien Testament et faisant partie de l'entourage de l'entourage de Dieu (Ezék 10.4-7). 2. Des figures de chérubins surmontaient le coffre sacré et formaient une sorte de trône pour le Seigneur (1 Sam 4.4 ; Hébr 9.5).

Chévi'it : *Mot d'or. Juda.* 7ème année.

Chévoutim : *Mot d'or. Juda.* Comportements interdits Chabbat et jours de fêtes.

Chi v'a : *Mot d'or. Juda.* 7 jours de deuil.

Chiisme : *Nom d'or. Musul.* Šī'a *(chî'a, chiite, chiisme)* شِيعَة : le courant chiite (littéralement : « disciple ; partisan »).

Chir hachirim : *Mot d'or. Juda.* Cantique des Cantiques.

Chirk : *Expr. d'or. Musul.* Širk *(chirk, polythéisme)* شرك : association ; polythéisme. Le chirk c'est le fait d'accorder à un autre qu'Allah ce qui revient à Allah. Exemple : croire en un voyant est considéré comme chirk. Le chirk est le plus grand péché en Islam.

Chmonè 'Esrè : *Mot d'or. Juda.* Prière des 18 bénédictions.

Choa : *Mot d'or. Juda.* Holocauste.

Chofar : *Mot d'or. Juda.* Corne de bélier.

**Chou`oûbiya** : *Mot d'or. Musul.* Voir *Shu`ubiya.*

Choul'han 'aroukh : *Mot d'or. Juda.* Code halakhique.

Choura : *Mot d'or. Musul.* šūrā *(concertation)* شُورَى : concertation, prise de décision en commun.

Christ : *Nom d'or. Bibl.* Voir Messie.

Ciel, cieux céleste : *Mot d'or. Bibl.* Au sens figuré, le ciel désigne en général le lieu inaccessible où Dieu a sa demeure (Deut 26.15 ; Es 40.22 ; Matt 6.9). Parfois le mot est employé à la place du nom *Dieu,* pour éviter d'avoir à le prononcer, comme dans l'expression *le royaume des cieux.* L'adjectif céleste est alors équivalent à de *Dieu* (Hébr 6.4). Circoncire, circoncision : La circoncision consiste à couper le prépuce d'un garçon (Gen 17.12) ou même d'un adulte (Gen 17.24-27). Pour les Israélites, ce rite était et reste un signe de l'alliance conclue par Dieu avec le peuple d'Israël (Gen 17.11).

Cité de David : *Nom d'or. Bibl.* La Cité de David ou ville de David est le nom donné à la forteresse de Sion conquise par David sur les Jébusites (2 Sam 5.7-9). Elle constitue la partie la plus ancienne de la Jérusalem.

Claude : *Nom d'or. Bibl.* Empereur romain de 41 à 54 après J.C. (Act 11.28 ; 18.2).

Coffre sacré : *Nom d'or. Bibl.* Ce coffre appelé dans d'autres traductions arche de l'alliance ou arche sainte, contenant le document de l'alliance. Il est décrit en Ex 25.10-22. Considère comme trône ou le marchepied de Dieu, il symbolisait la présence active de celui-ci parmi son peuple (Nomb 10.33-36 ; Ps 132.7-8).

Cohen gadol : *Nom d'or. Juda.* Grand prêtre.

Cohen : *Nom d'or. Juda.* Prêtre.

Collecteurs d'impôts : *Nom d'or. Bibl.* Personnages chargés de prélever les droits et taxes sur les marchandises. Comme ils étaient au service de la puissance occupante (les Romains) et que beaucoup d'entre eux en profitaient pour s'enrichir injustement, ils étaient méprisés et rejetés par les juifs les plus pratiquants.

Compassion : *Mot d'or. Bibl.* 1. *Oiktirmos :* La compassion est déjà exprimée par *eleos* ; mais *oiktirmos* l'exprime davantage. 2. En grec, *oiktirmos* signifie : "attention bienveillante à l'égard de la misère d'autrui", "compassion". On le trouve souvent au pluriel mais avec le même sens qu'au singulier par influence de l'hébreu *raḥamîm,* dont il est la traduction la plus souvent utilisée dans la Bible grecque (p. ex. Ps 24, 6, où il est associé à *eleos*). 3. Le verbe correspondant est : *oiktirô*. L'adjectif : *oiktirmôn*. 4. Un cas particulièrement intéressant se trouve au début de la partie principale de la lettre aux Philippiens : « Je vous en conjure par tout ce qu'il peut y avoir d'appel pressant dans le Christ, de persuasion dans l'Amour, de communion dans l'Esprit, de pitié (*splagchna*) et de compassion (*oiktirmoi*) » (Ph 2, 1). Paul met l'un à côté de l'autre deux termes synonymes, celui de la tradition biblique hébraïque (*splagchna*) et celui du vocabulaire grec (*oiktirmoi*). De même en Col 3, 12-14 : *Vous, comme des élus de Dieu, saints et bien-aimés, revêtez des sentiments de compassion* (splagchna oiktirmou), *de bienveillance* (chrèstotès), *d'humilité, de douceur, de patience* (makrothumia), *vous supportant les uns les autres et vous pardonnant mutuellement, si l'un a contre l'autre un grief ; de même que le Seigneur vous a pardonné, ainsi vous aussi. Et puis, par-dessus tout, la charité, en laquelle se noue la perfection.*

Conseil supérieur (ou Sanhédrin) : *Mot d'or. Bibl.* Tribunal religieux suprême du judaïsme au temps de Jésus ; il était composé de 71 membres, dont le grand-prêtre qui le présidait.

Consoler ou se raviser : *Expr. d'or. Bibl.* *1.* Le verbe *naḥam* signifie : "changer d'avis, se raviser ; renoncer à (p. ex. au mal) ; se repentir d'avoir fait ou dit quelque chose ; passer de la tristesse à la joie, donc se consoler ». Gn 37, 35 : « Tous ses fils et ses filles vinrent pour le [Jacob] *consoler*, mais il refusa d'être consolé et dit : "Non, c'est en deuil que je veux descendre au shéol auprès de mon fils. Et son père le pleura ». Is 22, 4 : « J'ai dit : "Détournez-vous de moi, que je pleure amèrement ; n'essayez pas de me consoler de la ruine de la fille de mon peuple." » 2. Appliqué au Dieu de la Bible, on lit : Ps 23, 4 : « Passerais-je un ravin de ténèbres, je ne crains aucun mal car tu es près de moi; ton bâton, ta houlette sont là qui me consolent. » Ps 86, 17 : « Fais pour moi un signe de bonté. Ils verront, mes ennemis, et rougiront, car toi, Yahvé, tu m'aides et me consoles. » Is 12, 1 : « Tu diras, en ce jour-là : Je te loue, Seigneur, car tu as été en colère contre moi. Puisse ta colère se détourner, puisses-tu me consoler. » C'est la promesse que Dieu lui-même adresse quand s'approche la fin du châtiment de Juda : « Consolez, consolez mon peuple… » (40, 1). L'élément intéressant, pour ce qui concerne notre dossier, se trouve sans doute dans la représentation d'un Dieu capable de changer d'avis : Ex 32, 12.14 : « Pourquoi les Égyptiens diraient-ils : "C'est par méchanceté qu'il les a fait sortir, pour les faire périr dans les montagnes et les exterminer de la face de la terre" ? Reviens de ta colère ardente et renonce au mal que tu voulais faire à ton peuple…. Et Yahvé renonça à faire le mal dont il avait menacé son peuple. » Jg 2, 18 : « Lorsque Yahvé leur suscitait des juges, Yahvé était avec le juge et il les sauvait de la main de leurs ennemis tant que vivait le juge, car Yahvé se ravisait [en entendant] leurs gémissements devant leurs persécuteurs et leurs oppresseurs. » 1 Sm 15, 35 : « Samuel ne revit plus Saül jusqu'à sa mort. En effet, Samuel pleurait Saül, mais le Seigneur s'était repenti de l'avoir établi roi sur Israël. » Au contraire, le psalmiste, porté par l'espérance messianique, garantie par les promesses divines, peut proclamer : « Le Seigneur l'a juré, il ne se ravisera pas : "Tu es prêtre à jamais selon l'ordre de Melchisédech" » (Ps 110, 4).

Coran : *Nom d'or. Musul.* Qur᾽ān *(lecture)* قرآن : lecture ; récitation.

Couronne : *Mot d'or. Bibl.* Cercle de fleur ou de feuillages que l'on posait sur la tête de quelqu'un. Autrefois, le vainqueur d'une contribution sportive recevait comme prix une couronne de feuillages. Dans la Bible, le terme est employé à plusieurs reprises au sens figuré (voir 2 Tim 4.8 ; Apoc 2.10).

Daʿiyat : *Nom d'or. Musul.* Dāʿiyat *(dâ'iyat)* داعية : prêcheur de l'islam.

Dajjal : *Nom d'or. Musul.* Dajjāl *(antéchrist)* دجّال : menteur ; celui qui sème la discorde.

Dar ach-Chahâda : *Mot d'or. Musul.* Dar aš-šahāda *(domaine du témoignage)* دار الشهادة : est le terme proposé par les philosophes musulmans occidentaux pour décrire le statut des musulmans dans le monde occidental.

Dar al-ʿAhd : *Mot d'or. Musul.* Dar al-ʿahd *(domaine de la trêve)* دار العهد : fut inventé pour décrire la relation de l'*Empire ottoman* avec ses provinces chrétiennes tributaires.

Dar al-Amn : *Mot d'or. Musul.* Dar al-amn *(domaine de la sûreté)* دار الأمن : terme proposé par des philosophes musulmans occidentaux pour décrire le statut musulman en Occident.

Dar al-Da'wa : *Mot d'or. Musul.* Dar ad-daʿwa *(domaine de l'invitation)* دار الدعوة : terme utilisé pour désigner une région où l'islam est entrée récemment. L'utilisation la plus fréquente de ce terml'*Arabie* avant et pendant la vie de Mahomet.

Dar al-Harb : *Nom d'or. Musul.* Dar al-ḥarb *(domaine de la guerre)* دار الحرب : littéralement « maison de la guerre », désigne les territoires qui ne sont pas islamisés, par opposition avec *Dar al-Islam,* la « Maison de la soumission. Les habitants du Dar al-Harb sont appelés *harbi.*

Dar al-Islam : *Mot d'or. Musul.* Dar al-islām *(domaine islamisé)* دار الإسلام : littéralement « Maison de la soumission » par opposition *Dar al-Harb,* la « Maison de la guerre ».

Dar al-Koufr : *Mot d'or. Musul.* Dar al-kufr *(domaine de l'incroyance)* دار الكفر : terme utilisé par *Mahomet* pour désigner la société de *La Mecque* dominé par les *Quraychites* entre son exil à *Médine* et son retour triomphant. Est ultérieurement devenu synonyme de *Dar al-Harb.*

David contre Goliath (c'est) : *Exp. d'or. Bibl. "Cette jeune équipe aura du mal à gagner le match contre cet adversaire car c'est le combat de*

David contre Goliath" (1 Samuel 17): Ce chapitre de la Bible raconte le combat du peuple d'Israël contre les Philistins. Parmi ces guerriers, un géant, *Goliath,* lance un défi aux troupes d'Israël. Un jeune berger, *David,* se porte volontaire pour affronter *Goliath.* Il n'est armé que d'une fronde, alors que le Philistin a en sa possession épée, lance et javelot. *David* tire avec sa fronde un projectile qui atteint le front de son ennemi. Le combat de *David contre Goliath* qualifie un combat entre des adversaires de forces inégales.

David : *Mot d'or. Juda.* 2ème roi d'Israël.

Da'wa : *Mot d'or. Musul.* Da'wa *(invitation à la foi)* دَعْوَة : vocation ; profession de foi; invitation à la foi menée par des *dâ'i.*

Dayan : *Mot d'or. Juda.* Juge rabbinique.

Déchiré ses vêtements : *Expr. d'or. Bibl.* Les anciens Israelites *déchiraient* parfois leurs vêtements en signe de deuil de tristesse, lorsqu'ils étaient dans le malheur. D'autres coutumes servaient également à marquer le deuil, par exemple se vêtir d'étoffe grossière, répandre de la cendre ou de la poussière sur la tête, se raser les cheveux ou la barbe, se faire des en tailles sur le corps.

Dédicace (Fête de la) : *Mot d'or. Bibl.* Fête juive d'une durée de huit jours où l'on rappelait la restauration et la nouvelle dédicace de l'autel du temple de Jérusalem effectuée par le patriote juif Judas Macchabée en 165 avant J.C. Elle avait lieu vers la mi-décembre.

Démon : *Nom d'or. Bibl.* Esprit mauvais considéré comme étant un envoyé ou un serviteur du diable.

Démon : *Nom d'or. Bibl.* Initialement, ce sont des anges, c'est-à-dire des êtres spirituels, messagers invisibles de Dieu, mais ils ont décidé d'être hostiles à Dieu et aux hommes (Jude 6 ; 2 Pierre 2:4). Les démons s'ingénient donc à perturber le plan de Dieu pour le bien des hommes et à perturber toute bonne initiative venant des hommes. Ils peuvent entrer en possession de quelqu'un (la personne ne contrôle plus son corps, ses pensées ou ses paroles), ou causer des maladies mentales ou physiques. Bon nombre de maladies ou handicaps que Jésus guérissait étaient dus à des démons. Jésus les chassait pour délivrer les personnes de leur emprise. Les démons insufflent aussi aux hommes des pensées d'orgueil, de méchanceté, de débauche, de mensonge, d'amour de l'argent ou du pouvoir, etc. *Derrière toute pratique occulte se cachent des démons.* Dieu laisse aux démons (comme aux hommes) une certaine possibilité de faire le mal (c'est la conséquence du libre arbitre et le principe de la responsabilité des actes), mais il met une limite à leur volonté de nuire et reste en contrôle de tout. La personne qui a invité

Jésus dans sa vie, qui a reçu le pardon de ses péchés, et qui place tous les domaines de sa vie sous le contrôle de Dieu, n'a plus à avoir peur des démons. ***Jésus a pleine autorité sur eux et il est celui qui protège et délivre le croyant.*** Le sort final des démons sera l'enfer, comme pour tous ceux qui ont choisi de faire le mal.

Derviche : *Mot d'or. Musul.* Darwīš *(derviche)* دَرويش : vient du *persan* derwiš درويِ ش *(mendiant)* : membre de certaines *confréries soufies* ; Peut être rapproché du mot *arabe fakir*, signifiant « pauvre ».

Dévarim : *Mot d'or. Juda.* Deutéronome.

Devarim : *Mot. d'or. Juda.* Paroles [de Moïse], cinquième et dernier livre de la *Torah,* connu en français sous le nom de *Deutéronome*.

Dhabiha : *Nom d'or. Musul.* Dabīḥa, *(sacrifice ; offrande)* ذبيحة : le sacrifice, l'animal destiné à être égorgé, par métonymie, l'égorgement rituel.

Dhallal : *Nom d'or. Musul.* Ḍallāl *(égarement)* ضلال : égarement.

Dhikr : *Mot d'or. Musul.* Ḏikr *(invocation)* ذِكْر : invocation; répétition (du nom de Allah).

Dhimmi : *Nom d'or. Musul.* Ḏimmī *(dhimmî)* ذمّي : membre d'une religion du livre, qui n'est pas admis à combattre avec les croyants, et acquitte un impôt spécial pour se « racheter » de ne pas être musulman.

Dhouhan : *Mot d'or. Musul.* Ḍouḥan *(matinée)* ضحى : clarté du jour.

Dhoû'l-Fikar : *Nom d'or. Musul.* Ḏū l-fikar *(celle qui à une épine)* ذو الفقار : nom de l'épée à deux pointes que *Mahomet* a donné à *`Ali* lors de la *bataille de Uhud :*

Dhoû'l-Hijja : *Nom d'or. Musul.* Ḏū l-ḥijja *(mois du pèlerinage)* ذو الحجة : nom du dernier mois du *calendrier musulman*, mois sacré du *grand pèlerinage*.

Dhoû'l-Kifl : *Nom d'or. Musul.* Ḏū l-kifl *(celui qui à une part double)* ذو الكفل : prophète, cité dans le Coran identifié au prophète biblique *Ézéchiel*.

Dhoû'l-Qa'da : *Nom d'or. Musul.* Ḏū l-qa'da *(mois de ??)* ذو القعدة : nom du onzième mois du *calendrier musulman.*

Dhoû'l-Qarnâ' : *Nom d'or. Musul.* Ḏū l-qarnā'an *(celui qui a deux cornes)* ذو القرناء : personnage cité dans le Coran souvent identifié à *Alexandre le Grand*.

Dhoû'-n-Nûn : *Nom d'or. Musul.* Ḏū n-nūn *(celui au poisson)* ذو النون : personnage cité dans le Coran.

Dhoû'n-nûryin : *Nom d'or. Musul.* D̲ū n-nūrīyn *(celui qui a deux lumières)* ذو النورين : un surnom de *`Uthman.*

Diable : *Nom d'or. Bibl.* Nom commun d'origine grecque, équivalent de l'hébreu *Satan.* A côté d'autres appellations comme l'ennemi (Matt 13.39), la *puissance de la nuit* (Luc 22.53), le *dominateur* de ce monde (Jean 14.30), le *Mauvais* (Jean 17.15), le Nouveau Testament l'utilise pour personnifier les forces du mal.

Diable : *Nom d'or. Bibl.* 1. Encore appelé Satan dans la Bible, le diable n'est pas un mythe, une figure littéraire ou une personnification du mal : il est bel et bien réel. C'est un être spirituel donc invisible (dont le corps n'est pas charnel comme le nôtre). Il est le premier des anges déchus, c'est-à-dire celui qui le premier s'est rebellé contre Dieu. Il a entraîné à sa suite une partie des anges (devenus des démons). Le diable veut être adoré à la place de Dieu (au travers d'objets, d'attitudes, de concepts ou de personnes idolâtrées) et avoir les hommes sous son pouvoir (c'est-à-dire dépendants d'une pratique ou de quelqu'un). Il n'a rien de bon en lui. Toutes ses pensées sont tournées vers le mal. Il est derrière toutes les pratiques occultes (communication avec les morts, voyance…), les tentations, les guerres, les malveillances… Il pousse les hommes à faire le mal et les incite à tourner le dos à Dieu. 2. Bien que très puissant et très rusé, le diable n'est pas une force égale à Dieu, une sorte de yang contrebalançant un ying. C'est un être qui a été créé par Dieu (bon à l'origine, devenu mauvais parce qu'il voulait être Dieu), qui lui reste soumis, même si, comme les anges et les hommes, il possède une grande liberté d'action. Sa fin sera l'enfer, juste sanction pour tout le mal qu'il aura fait ou fait faire (Matthieu 25:41). 3. Le mot « diable » vient du grec « diabolos » (diable) qui veut dire « celui qui divise », le semeur de haine ; tandis que « Satan » provient d'un terme hébreu qui signifie « l'adversaire », celui qui vient nous empêcher de suivre l'exemple de vie du Christ.

Diacre : *Nom d'or. Bibl.* Titre donné à certains membres de l'Eglise qui étaient spécialement chargé du service des pauvres et des malades.

Diaspora : *Mot. d'or. Juda.* Dispersion du peuple juif en dehors de la *terre d'Israël.*

Dîn : *Mot d'or. Musul.* Dīn *(religion)* دين : souvent traduit par « religion ».

Disciple : *Nom d'or. Bibl.* Personne qui suit un maître pour en recevoir un enseignement. Le maître peut être le chef de fille d'une tendance religieuse (Matt 22.16), un prophète (Es 8.16 ; Marc 2.18) ou Dieu lui-même (Es 54.13). Dans le Nouveau Testament, il s'agit le plus souvent de Jésus, et l'expression les *disciples* désignent généralement ceux qui le suivent.

Dix-huit bénédictions : *Mot. d'or. Juda.* voir *Amida.*

Diya : *Mot d'or. Musul.* Diya *(le prix du sang)* دية : prix du sang pour un homicide involontaire.

Djihad : *Mot d'or. Musul.* Voir *Jihad.*

Djinn : *Nom d'or. Musul.* Jinn *(djinn)* جنّ : génies; démons; djinns.

Djizyîa : *Mot d'or. Musul.* Voir *Jiz'ya.*

Document de l'alliance : *Nom d'or. Bibl.* C'est un des noms donnés à l'ensemble des deux tablettes de pierre sur lesquelles étaient gravés les commandements communiqués par Dieu à Moise (Ex 31.18). Ce document réglait la vie quotidienne du peuple d'Israël selon les principes de l'alliance.

Dou'â' : *Mot d'or. Musul.* Du'ā' *(prière)* دعاء : prière personnelle ; supplication ; appel. Prière personnelle en opposition avec *Salat* la prière canonique.

Dounya : *Mot d'or. Musul.* Dunyā *(ici-bas)* دنيا : ici-bas, le monde, biens de ce monde en opposition avec l'au-delà *('âkhira).*

Dragon : *Nom d'or. Bibl.* Animal imaginaire ayant la forme d'un énorme lézard. Il est aussi appelé serpent et représente, dans la Bible, le diable (Apoc 12.3-13.4 ; 20.2.3).

Eblis : *Mot d'or. Musul.* Voir *Iblis.*

'Erouv tavchilim: *Mot d'or. Juda.* Fusion des plats cuisinés.

'Erouv té'houmim : *Mot d'or. Juda.* Fusion des distances.

'Erouv : *Mot d'or. Juda.* Fusion de quartiers.

'Erouv 'hatsèrot : *Mot d'or. Juda.* Fusion de parties communes d'une habitation.

'Ezrat nachim : *Mot d'or. Juda.* Place des femmes en synagogue.

Eleos : *Nom d'or. Bibl.* 1. Dans la traduction grecque de la Bible, *eleos* raduit presque toujours *hèsèd.* Il traduit aussi *hen.* À côté du nom, il est bon de noter qu'il y a le verbe, *eleeô*, impossible à rendre en français sauf par une périphrase, comme "faire miséricorde", "avoir pitié". 2. Dans la 1ère lettre à Timothée, Paul confesse : « Moi qui étais blasphémateur, persécuteur et violent. Mais il m'a été fait miséricorde (*eleèthen*), parce que j'ai agi par ignorance, n'ayant pas la foi » (1Tm 1, 13). On traouve chez Lc 10, 37 l'expression « *faire* la miséricorde », clairement un hébraïsme, notamment sur la base de *faire hèsèd* (cf. Gn 40, 14…). 3. Rm 9, 14-33 : Dieu serait-il injuste ? Certes non ! Car il dit à Moïse : Je fais miséricorde (eleèsô) à qui je fais miséricorde (eleeô) et j'ai pitié (oiktirô) de qui j'ai pitié. Il n'est donc pas question de l'homme qui veut ou qui court, mais de Dieu qui fait miséricorde. Car l'Écriture dit au Pharaon : "Je t'ai suscité à dessein pour montrer en toi ma puissance et pour qu'on célèbre mon nom par toute la terre." Ainsi donc il fait miséricorde à qui il veut, et il endurcit qui il veut. Tu vas donc me dire : Qu'a-t-il encore à blâmer ? Qui résiste en effet à sa volonté ? Ô homme ! Vraiment, qui es-tu pour disputer avec Dieu ? L'œuvre va-t-elle dire à celui qui l'a modelée : Pourquoi m'as-tu faite ainsi ? Le potier n'est-il pas maître de son argile pour fabriquer de la même pâte un vase de luxe ou un vase ordinaire ? Eh bien ! Si Dieu, voulant manifester sa colère et faire connaître sa puissance, a supporté avec beaucoup de longanimité des vases de colère devenus dignes de perdition, dans le dessein de manifester la richesse de sa gloire envers des vases de miséricorde qu'il a d'avance préparés pour la gloire, envers nous qu'il a appelés non seulement d'entre les Juifs mais encore d'entre les païens, etc. C'est bien ce qu'il dit en Osée : J'appellerai mon peuple celui qui n'était pas mon peuple, et bien-aimée celle qui n'était pas la bien-aimée. Et au lieu même où on leur avait dit : " Vous n'êtes pas mon peuple ", on les appellera fils du Dieu vivant. Et Isaïe s'écrie en faveur d'Israël : Quand le nombre des fils d'Israël serait comme le sable de la mer, le reste sera sauvé : car sans retard ni reprise le Seigneur accomplira sa parole sur la terre. Et comme l'avait prédit Isaïe : "Si le Seigneur Sabaot ne nous avait laissé un germe, nous serions devenus comme Sodome, assimilés à Gomorrhe." Que conclure ? Que des païens qui ne poursuivaient pas de justice ont atteint une justice, la justice de la foi, tandis qu'Israël qui poursuivait une loi de justice, n'a pas atteint la Loi. Pourquoi ? Parce qu'au lieu de recourir à la foi ils comptaient sur les œuvres. Ils ont buté contre la pierre d'achoppement, comme il est écrit : "Voici que je pose en Sion une pierre d'achoppement et un rocher qui fait tomber ; mais qui croit en lui ne sera pas confondu".

Elie : *Nom d'or. Bibl.* Prophète de l'Ancien Testament (1 Rois 17-22 ; 2 Rois 1-2) dont le retour était attendu pour la période précédant immédiatement la venue du Messie (Mal 3.23-24 ; Marc 6.15 ; Jean 1.21). Il est nommé 29 fois dans le Nouveau Testament (Marc 9.4 ; Luc 4.25 ; Rom 11.2 ; Jacq 5.17, etc.).

Elloul : *Mot. d'or. Juda.* Douzième mois du *calendrier hébreu*, associé dans la tradition rabbinique et en particulier dans le judaïsme oriental avec la pénitence.

Encens : *Nom d'or. Bibl.* Résine précieuse que les anciens Israelites importaient de la région de Saba en Arabie méridionale. L'encens entrait dans la composition du parfum spécial qu'on brûlait chaque jour en hommage à Dieu (Ex 30.7 ; Luc 1.9).

Enfer : *Mot d'or. Bibl.* Ce mot traduit une expression de l'Ancien Testament (la Vallée de Hinnom, Jér 7.31-32), qui désignait un lieu impur, donc privé par Dieu de sa présence. Le Nouveau Testament l'utilise pour désigner un lieu de malédiction où devaient être envoyés tous ceux qui tombaient sous condamnation de Dieu.

Enfer : *Nom d'or. Bibl.* 1. L'enfer (littéralement « les régions inférieures ») n'est pas un terme biblique, bien qu'inspiré d'un passage du nouveau testament. La Bible utilise en fait une trentaine d'expressions différentes pour parler du sort final des hommes méchants. Même si parfois le langage est imagé pour nous donner une idée de l'au-delà, l'enfer est une terrible réalité, loin des fantasmes du moyen âge. Il s'agit en fait d'une *séparation* *éternelle d'avec Dieu.* 2. Après la mort, chacun(e) sera jugé selon ce qu'il aura pensé, fait ou dit, et notamment selon son attitude vis à vis de Dieu ou de son prochain (voir jugement dernier). Notre responsabilité sera évaluée selon les éléments dont nous disposions et tous ceux qui auront fait le mal sans l'avoir regretté, sans en avoir demandé pardon, et tous ceux qui auront délibérément choisi de vivre sans Dieu durant leur séjour sur terre, iront dans un endroit en conformité avec leur choix : *un lieu où le mal règne et où aucune intervention de Dieu n'est possible.* 3. La bible ne dit pas à quoi ressemblera l'enfer mais s'attache comme toujours à nous donner l'information qui importe le plus : c'est un lieu spirituel où n'existe que la souffrance, sous toutes ses formes (angoisse, peurs, pleurs, peines, tourments…). Ainsi, ce sera à la fois une juste condamnation pour ceux qui ont fait le mal et en même temps la *conséquence inéluctable de leur propre choix.* Dieu ne contrarie donc pas son caractère d'amour, en laissant aller ceux qui ne veulent pas de Lui dans un lieu dépourvu de sa présence. 4. *Dieu prouve au contraire son amour pour nous en ce que Jésus est venu prendre sur lui la condamnation à laquelle nous aurions droit.* Il est mort à notre place afin de nous pardonner nos péchés. Il apporte ainsi à tous ceux/celles qui lui confient leur vie, l'assurance du salut, c'est-à-dire la certitude qu'ils échapperont à l'enfer et iront pour l'éternité dans la présence de Dieu, dans un lieu où le mal ne sera plus (voir paradis).

Enfers : *Nom d'or. Bibl.* Nom donné après la mort au royaume des âmes dans diverses méthodologies.

Envoyé : *Mot d'or. Musul.* Voir *Messager.*

Epicuriens : *Mot d'or. Bibl.* Les partisans de la doctrine d'Epicure (mort en 270 avant J.C.) qui enseignait que la recherche du plaisir une action morale.

Epileptique : *Nom d'or. Bibl.* Personne souffrant d'une maladie nerveuse qui provoque des convulsions et des évanouissements.

Esther : *Nom d'or. Juda.* Nièce de Mordekhaï.

Étoile de David : *Mot. d'or. Juda.* voir *Maguen David.*

Être comme Saint Thomas : *Exp. d'or. Bibl. "Moi, je suis comme Saint Thomas, je ne te croirais que si tu me montres où se trouve cet animal".* Cette expression trouve son origine dans l'évangile de *saint Jean (20, 24-29).* Effectivement Thomas, disciple de Jésus, ne voulut pas croire à la résurrection du Christ. *"Si je ne vois pas, je ne croirai pas".* Pour constater par lui même la véracité des faits, il demanda à Jésus de mettre le doigt dans ses stigmates et dans sa plaie sur le côté du thorax. Aujourd'hui, lorsque quelqu'un marque une franche hostilité vis à vis d'une situation qui lui semble douteuse, on dit de lui qu'il est *"un saint Thomas"* ou qu'il est *"comme saint Thomas".*

Être un bon samaritain : *Exp. d'or. Bibl. "J'ai un voisin qui dépanne tout le monde, il est toujours prêt à te rendre service, c'est un bon samaritain".* Pour comprendre le sens de cette expression, il faut relire la parabole du *bon Samaritain* dans l'évangile de *saint Luc (10, 25-35).* Un voyageur samaritain, membre d'une population que les Juifs tiennent pour impie, se montre capable de compassion envers un inconnu gravement blessé, alors qu'à l'inverse, un prêtre et un lévite sont passés avant lui sans s'arrêter. Aujourd'hui, un bon samaritain c'est une personne qui porte secours aux autres, qui rend service, même si parfois l'expression comporte une notation ironique.

Eunuque : *Nom d'or. Bibl.* Homme qu'une mutilation subie ou volontaire a rendu incapable d'avoir une vie sexuelle normale et de procréer des enfants.

Exode : *Mot. d'or. Juda.* Second livre de la *Torah.*

Faire grâce : *Expr. d'or. Bibl.* 1. Mentionnons rapidement un verbe hébreu fondamental : *ḥanan*. Le substantif principal est *ḥen* ; on trouve aussi *ḥannah*. 2. Le sens correspond assez bien à l'expression française courante : « faire grâce, favoriser » au sens d'accorder une faveur. Une traduction littérale serait : « gratifier », difficile cependant à employer en français courant. 3. Gn 33, 5.11 : « Lorsqu'il leva les yeux et qu'il vit les femmes et les enfants, il demanda : « "Qui sont ceux que tu as là ?" Jacob répondit : "Ce sont les enfants dont Dieu a gratifié (*ḥanan*) ton serviteur." [...] Accepte donc le présent qui t'est apporté, car Dieu *m'a favorisé* et j'ai tout ce qu'il me faut. » 4. Ps 4, 2 : « Quand je crie, réponds-moi, Dieu de ma justice ; dans l'angoisse tu m'as mis au large ; <favorise-moi> = fais-moi grâce ; écoute ma prière ! » 5. On lit souvent une expression complémentaire : « trouver grâce » : ainsi il est dit, en Gn 6, 8, que « Noé avait trouvé grâce (*matza ḥen*) aux yeux du Seigneur. » Voir aussi Gn 18, 3 ; 19, 19. L'expression dénote le constat d'un état de fait pour lequel le bénéficiaire ressent une certaine surprise. Elle souligne l'initiative de la personne qui est à l'origine de cette faveur.

Faire grâce : *Mot d'or. Bibl.* 1. ***Charizesthai*** : Col 3, 13. La langue française connaît une autre expression, utilisée cependant dans un contexte (heureusement) peu habituel, celui du procès d'un criminel. Dans la perspective d'une condamnation à la peine capitale, le condamné ou ses proches peuvent s'adresser au juge pour qu'il lui soit « fait grâce » ; il s'agit bien de demander que lui soit accordé le pardon, tout au moins la rémission du châtiment ultime, autant pour sa cruauté que pour l'infamie qu'il fait porter sur le condamné et sa famille. 2. Or l'expression se trouve en bonne place dans les lettres de saint Paul. Exaltant le dessein extraordinaire de Dieu, un projet déjà réalisé dans le Christ, l'apôtre rappelle qu'il nous « a gratifiés (***charisamenos***) toutes nos transgressions (***paraptômata***) » (Col 2, 13 ; 3, 13). La traduction proposée est en fait une transcription, à savoir que chaque terme du texte original (en grec) est reproduit par son équivalent français et à sa place exacte. L'expression « gratifier – ***charizein*** – une faute » est connue du grec contemporain de Paul comme une formule équivalente à « remettre une faute ». Ici, l'expression insiste sur le fait qu'il s'agit d'une faveur (c'est le sens premier de ***charis***) accordée à une personne, celle de ne pas tenir compte du comportement répréhensible de l'autre, qu'il s'agisse d'une faute au sens strict ou d'une négligence involontaire mais telle qu'elle gêne sérieusement la vie des autres. 3. Cette expression paulinienne est vraiment intéressante, car elle nous rappelle que le pardon consiste en une faveur accordée librement et généreusement à quelqu'un, sens déjà présent dans le verbe « donner » mais de manière moins sensible, peut-être du fait de l'habitude.

Fajara : *Mot d'or. Musul.* Fājir فاجر pl. fajara *(débauché)* فجرة : libertin.

Fajr : *Expr. d'or. Musul.* Fajr *(prière du matin)* فجر : aube ; aurore.

Fakir : *Mot d'or. Musul.* Faqīr *(fakir, faquir)* فقير : pauvre pl. : fuqarāʾ, فقراء : désigne un *ascète soufi* ; Peut être rapproché du mot *persan derviche*, signifiant « mendiant ».

Falah : *Mot d'or. Musul.* Falāḥ *(bonheur)* فلاح : réussite ; bonheur ; succès.

Falashas : *Nom d'or. Juda. Juifs* d'*Éthiopie*, aussi dénommés *Beta Israel*.

Fanaʾ : *Mot d'or. Musul.* Fanāʾ *(fanā')* فناء : anéantissement ; évanouissement; extase mystique.

Fard : *Mot d'or. Musul.* Farḍ فرض pl. furūḍ (فروض) : obligatoire, selon la religion.

Fâsiq : *Mot d'or. Musul.* Fāsiq *(débauché)* فاسق : débauché.

Fâtir : *Nom d'or. Musul.* Fātir *(créateur)* فاطر : qui ne jeûne pas ; créateur.

Fatwa : *Mot d'or. Musul.* Fatwā *(fatwā, fetva)* فتوى : avis juridique qui complète le *fiqh*.

Faucille : *Mot d'or. Bibl.* Petite faux : instrument fait d'une lame de métal courbée en demi-cercle fixée à une poignée de bois, dont on se sert pour couper les céréales ou l'herbe.

Félix : *Nom d'or. Bibl.* Gouverneur romain de la Judée au cours des années 52 à 60 après J.C. Paul présenta sa défense devant lui (Act 23.24-24.27).

Festus : *Nom d'or. Bibl.* Successeur de Félix, de 60 à 62 après J.C. Paul présenta également sa défense devant lui. (Act 25.1-26.32).

Fi sabil Illah : *Expr. d'or. Musul.* Fī sabīl illāh *(sur la voie de Allah)* في سبيل الله : sur le chemin de Allah. Manière de caractériser le *Jihad*.

Fils de David : *Nom d'or. Bibl.* Titre que les juifs contemporains de Jésus appliquaient au Messie attendu, en tant que descendant et successeur du roi David.

Fils de Dieu / Fils de l'homme : *Expr. d'or. Bibl.* 1. *Les « fils de Dieu »* sont tous les croyants qui mettent leur espérance dans le Dieu de la Bible, celui qui nous sauve par grâce. Ils sont fils de Dieu car Dieu se manifeste à eux comme un vrai père : aimant, protecteur, consolateur, éducateur (voir nouvelle naissance). 2. *Le « Fils de Dieu »* désigne le Fils unique de Dieu, *Jésus.* Cette expression ne veut pas dire que Jésus soit un fils « naturel », « biologique », de Dieu, mais désigne sa nature commune à celle de Dieu et la relation intime et mystérieuse qu'il existe en Dieu au sein de la trinité. Dans les évangiles, Jésus se présente aussi très souvent comme « le Fils de l'homme », faisant référence à une prophétie messianique de Daniel (Dan. 7:13). Il explicite par cette formule que les prophètes avaient annoncé la venue d'un messie à la double nature : à la fois pleinement Dieu et pleinement homme (voir l'article : les prophéties annonçant la venue de Jésus).

Fils de Dieu : *Nom d'or. Bibl.* Titre donné à Jésus pour exprimer qu'il est envoyé de Dieu et souligner l'étroite et fidèle relation qui l'unit à lui. C'est parfois, l'équivalent du titre Christ ou Messie (Matt 16.16 ; Jean 20.31).

Fils de l'homme : *Expr. d'or. Bibl.* Sauf en Act 7.56 et Jean 12.34, l'expression le fils de l'homme apparait toujours dans le Nouveau Testament comme prononcée par Jésus lui-même. Dans de nombreux cas, il est évident que lui servait à se designer lui-même et se rapporter soit à l'abaissement actuel (Marc 8.31 ; Luc 9.58) soit à sa gloire future (Matt 25.31 ; Marc 8.38). Peut-être Jésus a-t-il préféré ce titre nouveau et mystérieux pour éviter celui de Christ-Messie, que l'usage populaire interpréter en un sens difficilement compatible avec l'évangile (voir Marc 8.29-33).

Fiqh : *Mot d'or. Musul.* Fiqh *(fiqh)* فقه: jurisprudence.

Fitna : *Motd'or. Musul.* Fitna *(fitna)* فتنة : séduction (féminine); émeute; dissension. En matière religieuse rupture; schisme.

Fitra : *Mot d'or. Musul.* Fiṭra *(fitra)* فطرة : nature d'une chose, et spécifiquement nature de l'homme.

Foi : *Mot d'or. Bibl.* 1. Le mot foi vient du latin fides (« parole donnée »), signifiant confiance. Il traduit les mots hébreu et grec de la Bible qui désignent, non pas une croyance, ni une volonté d'auto-persuasion mais une **confiance** *en un Dieu réel, tout-puissant et proche,* qui accomplit ce qu'il a annoncé, qui seul sauve. 2. *La foi vient donc de l'écoute de la Parole de Dieu.* Après avoir entendu Dieu lui parler au travers de la Bible ou par son Esprit, le croyant est appelé à avoir confiance en ce que lui a dit Dieu, pour vivre les promesses qui lui sont faites (Rom. 10:17). 3. Avoir la foi, c'est donc donner son adhésion inébranlable, malgré les épreuves et les événements contraires, à la parole et à la volonté divines. Le premier modèle de foi est Abraham, qui crut Dieu sur parole, quand ce dernier lui annonça que malgré l'âge avancé de sa femme, il aurait un enfant. 4. *La foi est un don de Dieu, créé en nous par l'illumination de l'Esprit-Saint, en réponse à notre désir de soumission à Dieu.* En effet, le mot foi veut également dire fidélité. Celui donc qui ne veut pas conformer sa vie aux commandements d'amour de Dieu, ou qui doute de Lui, ne saurait voir les promesses de Dieu s'accomplir dans sa vie. 5. *C'est par la foi en Jésus-Christ que nous sommes sauvés :* en croyant et en acceptant que nos péchés ont été pardonnés par son sacrifice, nous recevons de Dieu la ferme assurance que nous ne serons pas condamnés après notre mort mais que nous aurons la vie éternelle (voir jugement dernier). Le chrétien sait que cette promesse se réalisera car lorsqu'il croit en Jésus, Dieu se fait connaître à lui et une relation d'intimité démarre entre eux, qui se prolongera jusque dans l'éternité.

Furqan : *Mot d'or. Musul.* Furqān *(discernement)* فرقان : preuve ; séparation entre le bien et le mal.

Gabriel : *Nom d'or. Bibl.* L'un des anges. Il fut envoyé à Zacharie, père de Jean-Baptiste, et à Marie, mère de Jésus (Luc 1.19, 26).

Gallion : *Nom d'or. Bibl.* Gouverneur romain de l'Achaïe de 51 à 52 après J.C. (Act 18.12-17).

Gamaliel : *Nom d'or. Bibl.* Un des plus célèbres maîtres juifs du 1er siècle de notre ère. Il faisait partie du Conseil supérieur des Juifs (Act 5.34). Paul avait suivi son enseignement (Act 22.3).

Gane 'Edèn : *Mot d'or. Juda.* Jardin d'Eden.

Génésareth : *Nom d'or. Bibl.* Autre nom du lac de Galilée.

Genèse : *Mot. d'or. Juda.* voir *Bereshit*.

Gentil ou ***goy*** **:** *Mot. d'or. Juda.* En hébreu, c'est le non-Juif.

Ghafara : *Mot d'or. Musul.* Ḡafara *(pardonner)* غفر

Ghafla : *Mot d'or. Musul.* ḡafla *(insouciance)* غفلة) : imprévoyance ; négligence, indifférence.

Ghayba : *Mot d'or. Musul.* Ḡayba *(occultation)* غيبة : absence; éloignement; disparition; l'*occultation* dans laquelle se trouverait l'*imam* occulté, le douzième imam dans le *chiisme duodécimain*.

Ghetto : *Mot. d'or. Juda.* Quartier d'une ville réservé et souvent imposé aux Juifs.

Ghoulâm / Ghilmân : *Nom d'or. Musul.* Ḡulām *(adolescent)* غلام pl. ḡilmān غلمان : adolescent ; garçon ; éphèbe du paradis : Voir *Wildân*. Le mot désigne aussi les soldats esclaves : Voir *Mamelouk*.

Ghousl : *Expr. d'or. Musul.* ḡusl *(grande ablution)* غسل : les grandes ablutions.

Glatt : *Mot d'or. Juda.* Viande parfaitement Kasher.

Gloire : *Mot d'or. Bibl.* Dans la Bible le mot *gloire* traduit souvent un terme hébreu (et son équivalent grecque), qui peut exprimer la vraie valeur (le « poids »), l'importance, l'éclat d'une chose (Ps 87.3), d'un être ou d'un groupe humain (Osée 9.11) et surtout de Dieu. On ne peut regarder en face la gloire de Dieu (Ex 33.22). Jésus manifeste en lui-même la gloire du Père et la fait connaître à ses disciples (Jean 17.1, 4-5).

Grâce de Dieu : *Expr. d'or. Bibl.* 1. Dans la Bible, c'est la *faveur imméritée que Dieu nous accorde en pardonnant nos fautes* et en nous déclarant justes devant lui (c'est-à-dire innocents, débarrassés de la culpabilité de nos péchés). Cela est possible à cause du sacrifice de Jésus-Christ pour nos péchés. Notre péché nous condamne à être éternellement séparés de Dieu. 2. Mais *parce que Dieu nous aime, il a décidé de nous pardonner et de nous offrir la réconciliation avec Lui, en envoyant son Fils unique, Jésus, mourir à notre place* (Evangile de Jean 3:16 ; 2 Cor; 5:18-19). Jésus s'est donné volontairement pour nous, afin de nous offrir le salut, c'est à dire, pour celui/celle qui croit : recevoir l'assurance que ses fautes sont pardonnées, avoir la possibilité d'une relation intime avec Dieu, et avoir la certitude qu'il/elle ira au paradis. Dans sa grâce, Dieu fait de ceux qui croient en Lui, ses enfants (voir nouvelle naissance).

Grande salle : *Nom d'or. Bibl.* Salle du bâtiment central du temple de Jérusalem où les prêtres étaient seuls autorisés à entrer. Cette salle est parfois appelée le lieu saint, par opposition au lieu très saint.

Grand-prêtre : *Nom d'or. Bibl.* Prêtre qui détenait la plus haute fonction dans la hiérarchie juive des prêtres. Il présidait le Conseil supérieur. Une fois par année (au grand jour du Pardon des péchés, voir Lév 16), il entrait dans le lieu très saint du temple et y offrait divers sacrifices pour lui-même et le peuple d'Israël.

Guémara : *Mot d'or. Juda.* Commentaire de la Michna.

Guèr : *Mot d'or. Juda.* Converti.

Guet : *Mot d'or. Juda.* Acte de divorce.

Guïorèt : *Mot d'or. Juda.* Convertie.

Guïour : *Mot d'or. Juda.* Conversion.

'Hafifa : *Mot d'or. Juda.* Bain avant immersion.

'Hakham : *Mot d'or. Juda.* Sage.

'Hala : *Mot d'or. Juda.* Pâte.

'Halak : *Mot d'or. Juda.* Viande parfaitement Kasher.

'Halavi : *Mot d'or. Juda.* Aliment à base de lait.

'Hamèts : *Mot d'or. Juda.* Aliment contenant du levain.

'Hanoucca : *Mot d'or. Juda.* Fête des lumières.

'Hanoukïa : *Mot d'or. Juda.* Chandelier de Hanoucca à 8 branches.

'Hatane : *Mot d'or. Juda.* Nouveau marié.

'Hatsitsa : *Mot d'or. Juda.* Elément séparant le corps de l'eau du Mikvè.

'Hazan : *Nom d'or. Juda.* Chantre.

'Hazara : *Mot d'or. Juda.* Répétition de la 'Amida.

'Hèvra Kadicha : *Nom d'or. Juda.* Personnes qui s'occupent des défunts.

'Hol hamo'èd : *Mot d'or. Juda.* Demi-fêtes.

'Houmach : *Mot d'or. Juda.* Pentateuque.

Habous : *Mot d'or. Musul.* Ḥubs, *(leg ; don)* حبس pl. ʾaḥbās, أحباس : Le habous est une donation pieuse permettant de laisser la jouissance de ce bien à des dévolutaires.

Hadath : *Mot d'or. Musul.* Ḥadaṯ, (*évènement ; incident*) حدث : évènement provoquant une impureté : - ḥadaṯ al-aṣḡar, (*impureté mineure*), حدث الأصغر : impureté qui nécessite le recours aux *petites ablutions* ; - ḥadaṯ al-akbar, (*impureté majeure*), حدث الأكبر : impureté qui nécessite le recours aux *grandes ablutions*.

Hadd : *Mot d'or. Musul.* ḥadd, (*peine impérative*), حدّ pl. ḥudūd حدود : Terme de droit musulman, peine que le juge ne peut pas la moduler car elle est ordonnée par Allah, ce terme s'oppose aux peines modulables par la juridiction (tazîr).

Hâdî : *Mot d'or. Musul.* Hādī *(guide)* هادي : guide ; un des 99 *attributs de Allah*.

Hadith : *Mot d'or. Musul.* Ḥadīṯ *(hadîth, hadith)* حديث pl. ʾahādīṯ أحاديث : parole ou acte de *Mahomet* considérés comme un exemple à suivre par les pratiquants.

Hadlakat nèrot : *Mot d'or. Juda.* Allumage des bougies.

Hafiz : *Expr. d'or. Musul.* Ḥāfiẓ *(hâfiz)* حافظ : Personne qui connaît le *Coran* par cœur.

Haftara : *Mot d'or. Juda.* Texte prophétique lu après la Paracha.

Hag'ala : *Mot d'or. Juda.* Cashérisation à l'eau bouillante.

Haggada de Pessah : *Mot. d'or. Juda.* Texte en *hébreu* ancien utilisé pour la cérémonie du *Séder* durant *Pessa'h,* racontant l'histoire des Hébreux et leur sortie d'Égypte.

Haggada : *Mot d'or. Juda.* Récit de Pessah.

Hajj : *Mot d'or. Musul.* Ḥajj, *(pèlerinage)* حجّ : pèlerinage à *La Mecque,* l'un des cinq *piliers de l'islam*.

Hakafot : *Mot d'or. Juda.* Processions en synagogue.

Hakim : *Mot d'or. Musul.* Ḥākim, *(autorité ; magistrat)*, حاكم : *Al-Hakîm* un des 99 *attributs de Allah.*

Halakha : *Mot d'or. Juda.* Loi rabbinique.

Halakha : *Mot. d'or. Juda.* Les lois, sentences et prescriptions religieuses.

Halal : *Mot d'or. Musul.* Ḥalāl *(hallal, halal)* حلال : permis ; non sacré ; profane, licite par opposition avec interdit *(harâm)*.

Halîm : *Mot d'or. Musul.* Ḥalīm, *(doux ; magnanime ; indulgent)* حليم : Qualifie le caractère de *Loth*. *Halim* est le nom d'une divinité *sabéenne*. *Al-Halim* est l'un des 99 *attributs de Allah*.

Hametz : *Mot. d'or. Juda. Pain* levé interdit pendant la fête de *Pessa'h*.

Hanifisme : *Mot d'or. Musul.* Ḥanīf *(hanîf)* حنيف : le monothéisme islamique pur, l'orthodoxie.

Hanoucca : *Mot. d'or. Juda.* Fête des Lumières.

Hanoukkia : *Mot. d'or. Juda.* Chandelier à neuf branches utilisé lors de la célébration de *Hanoucca*.

Haqîqa : *Mot d'or. Musul.* Ḥaqīqa *(vérité)* حقيقة : vérité ; vrai ; authenticité.

Haqq : *Mot d'or. Musul.* ḥaqq *(justice)* حقّ : vérité ; droit ; justice. Un des 99 *attributs de Allah :* al-Haqq.

Haram : *Mot d'or. Musul.* Ḥarām *(harâm, haram)* حرام : ce qui est sacré; ce qui est interdit par la religion, ***tabou*** en opposition avec permis *(halal).*

Harem : *Mot d'or. Musul.* Ḥarīm *(harem)* حريم : gynécée; sérail; lieu interdit aux hommes autres que les membres de la famille proche.

Harmaguédon : *Nom d'or. Bibl.* Lieu mentionné dans l'Apocalypse 16.16 (litt. « Montagne de Meguiddo »), célèbre champs de bataille (Jug 5.19).

Hasan : *Mot d'or. Musul.* ḥasan *(beau ; bon)* حسن : beau ; bon.

Haskala : *Mot. d'or. Juda.* Mouvement des Lumières juif au *XVIIIe* et au *XIXe siècle*.

Hassidisme : *Mot. d'or. Juda.* Mouvement religieux juif ultra-orthodoxe.

Hatafat brit: *Mot d'or. Juda.* Circoncision symbolique.

Havdala : *Mot d'or. Juda.* Séparation des jours solennels des jours profanes.

Hazzan : *Nom d'or. Juda.* Musicien juif qui aide le ***rabbin*** à diriger la prière chantée de la ***synagogue***.

Hébreu : *Mot. d'or. Juda.* Langue sémitique, langue officielle de l'État d'Israël, avec l'arabe.

Hèfsèk tahara : *Mot d'or. Juda.* Purification post-Nida.

Hégire : *Mot d'or. Musul.* Hijra *(hégire)* هجرة : émigration de ***Mahomet*** et de ses compagnons de ***La Mecque à Médine***.

Hèkhal : *Mot d'or. Juda.* Arche sainte.

Hermès : *Nom d'or. Bibl.* Nom d'un dieu grec qui servait de messager des dieux (Mercures chez les latins).

Hérode : *Nom d'or. Bibl.* Trois personnes sont mentionnées sous ce nom dans le Nouveau Testament : 1. Hérode le Grand (Luc 1.5) régna sur l'ensemble du territoire juif de 37 à 4 avant J.C. 2. Hérode Antipas (Marc 6.14-27 ; Luc 3.1, 19-20 ; 9.7-9) régna sur la Galilée de 4 avant J.C. à 39 après J.C. Il était fils d'Hérode le Grand. 3. Hérode Agrippa 1er (Act 12.1-23) régna sur l'ensemble du territoire juif de 41 à 44 après J.C. Il était petit fils d'Hérode le Grand.

Hérodiade : *Nom d'or. Bibl.* Femme d'Hérode Antipas (qui régna sur la Galilée). Avant d'épouser Hérode, elle avait été la femme du demi-frère de celui-ci, Philippe (Matt 14.3-12 ; Marc 6.17-28 ; Luc 3.19).

Herzel : *Mot d'or. Juda.* Visionnaire d'Israël.

Hèsèd : *Mot d'or. Bibl.* *1.* Un des termes caractéristiques de la Bible hébraïque, impossible à rendre dans nos langues modernes, est : *ḥèsèd* (prononcer la 1ère syllabe avec un son guttural). Il se trouve 245 fois dans l'A.T., dont 18 fois au pluriel et 16 fois avec l'article défini en forme absolue. Il semblerait que les écrivains bibliques aient commencé à l'utiliser après l'exil. Donc, dire que Dieu est entré en relation de *ḥèsèd* avec son peuple correspond à un progrès notable dans la tradition biblique ! 2. Sens profane : En général, on « fait *ḥèsèd* avec quelqu'un ». Désigne donc une forme de relation interpersonnelle. Plus précisément, à l'égard de parents ou d'amis, entre un souverain et ses sujets. Le fondement est normalement la bienveillance, soit du fait de la nature même de la relation, soit par initiative de l'une des parties (Gn 19, 19 ; 21, 23 où la réciprocité des initiatives de *ḥèsèd* se prolonge en alliance). La *ḥèsèd* est une relation normalement réciproque ou qui invite à la réciprocité. De plus, elle désigne une relation *concrète, qui se manifeste par un bienfait*. En particulier sous la forme plurielle, *ḥasadîm*. Enfin, elle engendre une relation suffisamment profonde pour être comprise par les partenaires comme durable, capable de traverser les aléas de l'histoire et d'être reportée sur les générations suivantes. D'où les traductions : bonté, grâce, gentillesse. Souvent associée à *'èmèt* qui ajoute la valeur de permanence, de solidité à la relation manifestée ou promise. Voir en particulier : « Quand le Seigneur nous aura livré le pays, nous agirons envers toi avec *ḥèsèd* et *'èmèt* » (Jos 2, 14). Parfois mise en parallèle avec l'exigence de *faire* le *mišpat*, le jugement (Mi 6, 8). 3. La *ḥèsèd* selon Dieu : Une des caractéristiques de la *ḥèsèd* comme relation d'amour appliquée au Dieu de la Bible est qu'elle est étendue à tout un peuple, un groupe défini mais large. Citons un texte célèbre et de grande portée théologique : « Je ferai passer devant toi toute ma beauté et je prononcerai devant toi le nom du Seigneur. Je fais grâce (*ḥanan*) à qui je fais grâce et j'ai pitié (*raḥam* ; grec : *oiktirô*) de qui j'ai pitié… Le Seigneur descendit dans une nuée et il se tint là avec lui. Il invoqua le nom du Seigneur. Le Seigneur passa devant lui et il cria : " Le Seigneur, le Seigneur, Dieu de tendresse et de pitié, lent à la colère, grand de *ḥèsèd* et de *'èmèt*, gardant *ḥèsèd* à des milliers, tolère faute, transgression et péché mais ne laisse rien impuni et châtie les fautes des pères sur les enfants et les petits-enfants, jusqu'à la troisième et la quatrième génération." Aussitôt Moïse tomba à genoux sur le sol et se prosterna, puis il dit : "Si vraiment, Seigneur, j'ai trouvé grâce à tes yeux, que mon Seigneur veuille bien aller au milieu de nous, bien que ce soit un peuple à la nuque raide, pardonne nos fautes et nos péchés et fais de nous ton héritage..." » (Ex 33, 19 ; 34, 5-9). Dans ce passage, la notion sociale de *ḥèsèd*, appliquée à Dieu, est qualifiée de durable : elle est associée avec la *'èmèt*, terme qui exprime la stabilité. Dans un autre texte célèbre, la *ḥèsèd* est appliquée à Dieu selon la forme particulière de relation qui lie deux fiancés : « Je te fiancerai à moi pour toujours ; je te fiancerai dans la justice et dans le droit, dans la *ḥèsèd* et la miséricorde (*raḥamîm*) » (Os 2, 21). Avant de traduire par tendresse, ce qu'on fait spontanément dans notre culture, il faut prendre en considération que les fiançailles, dans le monde oriental antique, n'étaient pas d'abord une question d'amour entre les jeunes mais une façon de développer des liens familiaux à l'intérieur du clan. Dans le contexte d'Osée cependant, on peut être certain que *ḥèsèd* associe à l'authenticité d'une relation de fiançailles l'élément affectif qui rend heureuse une relation de couple. Cependant, *ḥèsèd* et amour (*'ahab*) vont bien ensemble : « Pour avoir écouté ces coutumes, les avoir gardées et mises en pratique, le Seigneur ton Dieu te gardera l'alliance et la *ḥèsèd* qu'il a jurées à tes pères. Il t'aimera (*'ahab*), te bénira, te multipliera… » (Dt 7, 12-13). 4. Miséricorde ? Traduire *ḥèsèd* par miséricorde n'est donc pas le sens premier du terme. C'est cependant ainsi que la Bible latine a traduit le terme hébreu dans la très grande majorité des cas. Et si elle l'a fait, c'est "par une contagion" de la traduction de la Septante, chez qui *ḥèsèd* est rendu presque toujours par *eleos*, qui a nettement le sens de *pitié, miséricorde*. Un des exemples les plus nets se trouve dans la traduction du célèbre psaume 136 (135 dans la Lxx et donc dans la Vulgate), qui répète à chaque verset : « Éternelle est sa *ḥèsèd* », traduit systématiquement par *eleos* en grec et *misericordia* en latin. Cela étant, il faut prendre en considération un élément déterminant dans la manière de traduire *ḥèsèd* pour qualifier la forme d'amour que Dieu a établi avec son peuple : compte tenu de la nécessité pour Dieu de sans cesse devoir pardonner à son peuple, cette *ḥèsèd* prend nécessairement la forme de la miséricorde.

Hesvan : *Mot. d'or. Juda.* Deuxième mois du *calendrier hébreu*.

Hidâya : *Mot d'or. Musul.* Hidāyya هداية : conduite ; direction morale.

Hijab : *Mot d'or. Musul.* Ḥijāb *(hijâb, hidjab)* حِجَاب : voile.

Himmâ : *Mot d'or. Musul.* Ḥimmā *()* حمًى : réserve ; sanctuaire.

Hisba : *Mot d'or. Musul.* Ḥisba *(contrôle)* حِسْبَة : calcul ; vérification, au départ sorte de service de la répression des fraudes devenu police religieuse.

Hizb : *Mot d'or. Musul.* Ḥizb *(1/60 du Coran ; faction)* حزب pl. ʾaḥzāb أحزاب : Terme utilisé dans le *Coran* pour désigner les membres de la tribu des *quraychites* et les juifs qui résidaient à *Médine* qui se sont alliés contre les musulmans de

Médine. Ce mot désigne aussi 1/60 du Coran c'est-à-dire la moitié d'un *Juz'*.

Horeb : *Nom d'or. Bibl.* Autre nom du mont Sinaï (voir Ex 3.1 et la note), qu'on situe traditionnellement au sud de la presqu'île du Sinaï, entre les golfes de Suez et d'Aqaba.

Houdâ : *Nom d'or. Musul.* Hudā *(orthodoxie)* هدًى : (bonne) direction ; orthodoxie.

Houdna : *Mot d'or. Musul.* Hudna *(trêve)* هدنة : cessez-le-feu ; armistice ; trêve.

Houdoud : *Mot d'or. Musul.* Ḥudūd *(limites)* حدود : les limites des peines légales prescrites par le Coran.

Houkm : *Mot d'or. Musul.* ḥukm *(jugement)* حكم : jugement ; décision ; verdict.

Houmaza : *Mot d'or. Musul.* Humaza *(calomniateur)* همزة : médisant ; calomniateur. Le calomniateur est voué aux enfers.

Houppa : *Mot. d'or. Juda.* Dais traditionnellement utilisé lors de la *cérémonie juive du mariage.*

Houri : *Nom d'or. Musul.* Hūrīya *(houri)* حورية, pl. hūrīyāt حوريات : les vierges du paradis.

Hutspa : *Mot. d'or. Juda.* Mot hébreu signifiant « culot, insolence », lexicalisé en anglais américain.

Huttes, fête des : *Nom d'or. Bibl.* La fête des Huttes, ou fête des Tabernacles, était une fête juive qui durait une semaine ; elle était célébrée en automne et coïncidait avec la fête des récoltes. Elle rappelait le séjour d'Israël au désert. Pendant toute la durée de la fête, les familles habitaient sous des huttes dressées pour cette occasion. (voir Lév 23.34-36 ; Deut 16.13).

Hymne à la charité (Le vocabulaire de l') (1 Co 13) relatif à la miséricorde : *Mot d'or. Bibl.* 1. Pour saint Paul, la charité, l'*agapè,* est le ligament qui relie toute la panoplie des vertus et des bonnes œuvres de l'homme. Elle qualifie tout acte humain de sorte qu'il soit pleinement en communion avec Dieu, source de tout amour. 2. Rm 13, 8-10 : Ne devez rien à personne, sinon de vous aimer les uns les autres. Car celui qui aime autrui a de ce fait accompli la loi. En effet, le précepte : Tu ne commettras pas d'adultère, tu ne tueras pas, tu ne voleras pas, tu ne convoiteras pas, et tous les autres se résument en cette formule : Tu aimeras ton prochain comme toi-même. La charité ne fait point de tort au prochain. La charité est donc la Loi dans sa plénitude. 3. Au centre d'une section consacrée à l'exercice des charismes dans la communauté chrétienne, et, sans doute, pour rabaisser le caquet de certains membres « charismatiques » de l'Église, Paul rédige une sorte d'hymne, en trois étapes, consacré à formuler l'importance et la valeur irremplaçable de la charité. Il occupe tout le chapitre 13 de la 1ère lettre aux Corinthiens. 4. Dans la section centrale, avec 15 verbes, saint Paul définit ce qu'est une charité personnifiée en action. Il vaut la peine de préciser le sens de plusieurs de ces verbes que nos langues modernes ne peuvent rendre en un seul mot. *5. 'H agapè* **makrothumeî** : "avoir de la longanimité (à l'égard de quelqu'un) ; être persévérant dans une situation difficile". La *makrothumia* est "l'attitude qui consiste à rester tranquille en attendant un événement" ; "patience" ; "constance, endurance" ; "tolérance à l'égard d'une personne qui dérange". Le verbe *makrothuméô* signifie "attendre tranquillement, avoir de la patience, attendre". On lit, dans la lettre aux Éphésiens : « Je vous exhorte, moi le prisonnier dans le Seigneur, à mener une vie digne de l'appel que vous avez reçu : en toute humilité et douceur, avec patience (*makrothumia*), vous supportant (*anechomenoi*) les uns les autres avec charité ; appliquez-vous à conserver l'unité de l'Esprit par ce lien qu'est la paix » (Eph 4, 1-3). *6. Chrèsteuetai.* Comme pour le substantif *chrèstotès* (9x : Rm 2, 4 (+ *to chrèston*) ; 3, 12 ; 11, 22 ; 2 Co 6, 6 ; Ga 5, 22 ; Eph 2, 7 ; Col 3, 12 ; Ti 3, 4), il faut en chercher la signification à partir de l'adjectif correspondant *chrèstos* : "dont on peut se servir" ; mais aussi "accueillant, honorable, noble, utile" (voir 1 Co 15, 33 ; Ep 4, 32) ; ou encore : "qui rend service, serviable". Le verbe peut donc être rendu par "se conduire en homme de bien". Proposition : transformer en bien, rendre bon ; ou se rendre utile, s'améliorer (comme ***ptôcheuô*** = rendre pauvre). ***7. ou*** **zèloî** : "avoir de l'ardeur, rechercher avec ardeur quelque chose ; désirer comme recommandable pour soi ; envier". ***8.*** ou ***perpereuetai ;*** de ***perperos,*** "vantard, fanfaron ; attitude ostentatoire ; s'attribuer des éloges". Aussi : "manquer de tact". La forme *emperpereuetai* est plus courante. *9.* ou *phusioutai :* "se gonfler, s'enfler par l'arrivée d'air". 1 Co 8, 1 ; 4, 6.18 ; 5, 2 ; 13, 4 ; Col 2, 18. *10. ouk aschèmoneî :* "se comporter de manière anormale, mauvaise, disgracieuse, indécente ; manquer aux bienséances". Basé sur le substantif neutre *schèma,* qui signifie "forme, apparence, image que l'on peut reproduire". *11. Ou* parôxuneto : "elle ne s'échauffe pas, ne s'énerve pas". C'est le verbe central. *12.* ou *logizetai to kakon* : calculer en vue d'obtenir quelque chose de mal. *13. Panta stegei :* "couvrir, recouvrir ; donc protéger ou cacher (protéger de l'eau, donc être imperméable) ; endurer, résister à, supporter". Voir 1 Co 9, 12 ; 1 Th 3, 1.5 où *stegein* a le sens de "supporter, de résister à". Mais quelle différence avec le verbe suivant ? Excuser (BJ et TOB) ? 14. *Panta pisteuei :* "elle croit tout", au sens de fait confiance. *15. Panta elpizei :* "elle espère tout". *16. Panta hypomonei :* elle endure tout, elle tient bon en toute circonstance, elle persévère. Voir Mt 10, 22 ; 24, 13 ; Rm 12, 12.

Hysope : *Nom d'or. Bibl.* Plante dont on utilisait les branches pour asperger les fidèles lors de certaines cérémonies de purification (voir Lév 14.4-7).

ʿIbâda : *Mot d'or. Musul.* ʿibāda *(culte)* عبادة : culte ; l'aspect spirituel de l'islam ; la *charia* en étant l'aspect législatif.

ʾIblîs : *Mot d'or. Musul.* ʾiblīs *(Iblîs ou Eblîs)* إبليس ; Le démon, c'est le nom d'un djinn qui refuse de se prosterner devant *Adam* sur l'injonction de Dieu. C'est l'équivalent de *Lucifer*.

ʿIchâʾ : *Mot d'or. Musul.* ʿišāʾ *(soir)* عشاء : soir ; prière du début de la nuit ; la cinquième *prière* de la journée dans l'islam.

ʿidda al-marʾâ : *Mot d'or. Musul.* *(délai de viduité)* عدّة المرأة : la femme divorcée n'est libre de quitter le domicile conjugal que trois mois après le prononcé du divorce ou après l'accouchement si elle est enceinte. Le code civil français prévoyait, pour les femmes, un an sans avoir le droit de se remarier jusqu'en 2004.

ʾIftâr : *Mot d'or. Musul.* ʾifṭār *(rupture du jeûne)* إفطار : repas de rupture du jeûne de *ramadan ;* « déjeuner ».

ʾIhrâm : *Mot d'or. Musul.* ʾiḥrām *(consécration)* إحرام : état de consécration rituelle ; vêtement blanc de celui qui accomplit dans cet état le grand ou le petit *pèlerinage.*

ʾIhsân : *Mot d'or. Musul.* ʾiḥsān *(charité)* إحسان : la parfaite adoration de Dieu.

ʾIʿjâz : *Mot d'or. Musul.* ʾiʿjāz إعجاز : le caractère inimitable du Coran.

ʾIjmâʿ : *Mot d'or. Musul.* ʾijmāʿ *(consensus)* إجماع : consensus des *oulémas* ou de l'*ʾoumma* entière sur des questions morales, religieuses ou juridiques, suppléant la *sunna*.

ʾIjtihâd : *Mot d'or. Musul.* ʾijtihād *(exégèse)* إجتهاد : effort d'interprétation du *Coran* et des *hadith.*

ʾIlah : *Nom d'or. Musul.* ʾilah *(dieu)* إله divinité ; dieu.

ʿIlm : *Mot d'or. Musul.* ʿilm *(savoir)* علم : science au sens large détenue par les *oulémas.*

ʾImâm : *Mot d'or. Musul.* ʾimām *(ʾimâm, imam)* إمام : personne qui dirige la prière ; littéralement :

« celui qui est devant » ; pour les shî'ites, c'est le successeur de Mahomet, le Guide spirituel de la communauté.

Imamat : ʾimāma *(imamat)* إمامة : le système des *imams* chez les *chiites*.

ʾÎmân : *Mot d'or. Musul.* ʾīmān *(foi)* إيمان : croyance ; foi.

Imposition des mains : *Expr. d'or. Bibl.* Geste symbolique qui consistait à poser les mains sur quelqu'un pour indiquer qu'un on spirituel, une bénédiction particulière ou la guérison lui était accordé.

Impur, impureté : *Mot d'or. Bibl.* Voir Pur.

Incarné / Incarnation : *Nom d'or. Bibl.* Ce mot n'est pas de la Bible, mais vient du latin carnis, « chair ». Il désigne le fait que le Dieu invisible qui a créé l'univers s'est un jour fait homme pour se révéler à nous. Il a pris chair en Jésus, devenu pleinement homme tout en gardant son essence divine (notamment le fait qu'il soit sans péché). Le Christ a assumé jusqu'au bout la condition humaine, avec toutes ses limites (il a expérimenté la faim, la soif, le sommeil…), y compris jusque dans la mort (Phil. 2:6-11). On dit encore, au sujet de Jésus qu'il est « la Parole de Dieu faite chair », ou « le Verbe incarné », car la Bible appelle aussi Jésus « Parole de Dieu » (Evangile de Jean 1:1). (voir l'article : Jésus : homme ou Dieu ?).

ʾIncha' Allāh : *Mot d'or. Musul.* ʾinšāʾ allāh إنشاء الله : si Allah le veut.

Incirconcis : *Mot d'or. Bibl.* Voir Circoncire.

ʾInfâq : *Mot d'or. Musul.* ʾinfāq *(dépense)* إنفاق : la tendance à donner plutôt que prendre.

Iqâma : *Mot d'or. Musul.* Iqāma *(appel à la prière)* اقامة : deuxième appel à la prière, après l'*adhan* et juste avant le premier *takbir.*

ʿĪsā : *Nom d'or. Musul.* ʿĪsā *(Jésus)* عيسى : *Jésus fils de Marie* comme le *Coran* le nomme, car il est supposé ne pas avoir de père biologique. La *Bible* chrétienne en *arabe* utilise le nom de *Yasûʿa* (yasūʿa يسوع).

Islam : *Mot d'or. Musul.* ʾIslām *(islam)* إسلام : « soumission ». Le musulman est en effet « soumis » à Dieu.

ʿIsma : *Mot d'or. Musul.* ʿIṣma *(infaillibilité)* عصمة : infaillibilité ; invulnérabilité ; immunité ; impécabilité.

Isnad : *Mot d'or. Musul.* ʾIsnād *(chaîne de garants)* إسناد : la chaîne des personnes qui rapportent un *hadith.*

Isra : ʾIsrāʾ *(voyage nocturne)* إسراء : le voyage nocturne de *Mahomet* raconté dans le *miraj.*

Israël : *Mot d'or. Juda.* Jacob, peuple juif, Etat. Plus fort que les anges.

Israël : *Mot. d'or. Juda.* 1. Dans la Bible hébraïque, *Israël* est d'abord le nom donné à *Jacob*, et sert parfois à désigner collectivement sa descendance, biologique et spirituelle (Deutéronome 6:4; Jérémie 2:3, etc.); ceux-ci sont cependant plus souvent appelé *Bnei Israël*. 2. On désigne également par *israël* tout membre de la communauté juive qui n'a ni le statut de *cohen*, ni celui de *levi*. 3. La *terre d'Israël,* située dans le Croissant fertile du *Proche-Orient*, correspondant approximativement au *pays de Canaan* est le territoire revendiqué par les *enfants d'Israël*, à la suite de leur Alliance avec Dieu. 4. Le *royaume d'Israël* naît du schisme entre les dix tribus du Nord de la terre d'Israël et celles du Sud, qui forment le *royaume de Juda.* Conquis par l'Assyrie, une importante partie de sa population est, selon la Bible, déportée et *perdue.* 5. *Israël* est le nom donné à l'*état juif* ayant proclamé son indépendance en *1948*. Il est en partie situé sur la *terre d'Israël.*

Israël : *Nom d'or. Bibl.* *Israël* est le nom donné par Dieu à Jacob, fils d'Isaac. (Gen 32.28-29 ; 35.10). C'est pourquoi les descendants de Jacob furent appelés *Israelites* ou peuple d'*Israël.* Dans un certain nombre de textes de l'Ancien Testament, *Israël* désigne non pas la totalité du peuple, mais l'ensemble des dix tribus du nord (1 Rois 11.31-37) et plus précisément le royaume israélite du nord, fondé par Jéroboam 1er après la mort de Salomon, vers 933 avant J.C.

Israélien : *Mot. d'or. Juda.* Citoyen de l'état d'Israël.

Israélite : *Mot. d'or. Juda.* 1. Au sens large, synonyme d'*enfants d'Israël*, utilisé actuellement pour désigner principalement les *Juifs*. 2. Au sens restreint, sujet du *royaume d'Israël.*

Istich'hâd : *Mot d'or. Musul.* ʿIstišhād *(témoignage ; martyre)* إستشهاد : martyr au sens islamique.

Istislah : *Mot d'or. Musul.* ʾistiṣlāḥ *(correction)* إستصلاح : correction ; restauration ; réforme.

Itmâm al-houjja: *Mot d'or. Musul.* Itmām al-ḥujja *(argument final)* اتمام الحجة : l'explication complète de la foi.

Iyar : *Mot. d'or. Juda.* Huitième mois du *calendrier hébreu.*

Jahannam : *Mot d'or. Musul.* Jahannam *(géhenne)* جهنم : enfer.

Jahiliya : *Mot d'or. Musul.* Jāhiliyya جَاهِلِيّ : ignorance, paganisme désigne de manière dépréciative la période préislamique.

Jahl : *Mot d'or. Musul.* jāhl *(ignorance)* جهل : Ignorance ; arrogance.

Jâmiʿ : voir *Mosquée.*

Jâmiʿ**a** : *Mot d'or. Musul.* Jāmiʿa *(rassemblement)* جامعة : association ; rassemblement par exemple université ; académie ; association ; ligue ; fédération.

Janaza : *Mot d'or. Musul.* Janāza *(enterrement)* جنازة : funérailles.

Janna : *Mot d'or. Musul.* Janna *(jardin)* جنة : jardin ; paradis.

Jazak Allâh Khayr : *Mot d'or. Musul.* Jazāk allāh ẖayr *()* جزاك الله خير : « Que Allah te récompense pour tes bienfaits ».

Jeter la pierre à quelqu'un : *Exp. d'or. Bibl. "Cet homme est toujours prêt à jeter la première pierre sur quelqu'un".* Cette expression renvoie à un épisode de l'évangile *(Jean 8, 1-11)* où on présente à Jésus une femme qui a commis un péché d'adultère. Selon la loi de Moïse elle est condamnée à la lapidation. Ceux qui vont accomplir la sentence demandent son avis à Jésus dans le but de le mettre en difficulté : soit il renonce à obéir à la Loi, soit il ne respecte pas son enseignement du pardon. Et Jésus, après avoir tracé des traits sur le sol, leur dit : "Que celui qui n'a jamais péché lui *jette la première pierre*". Et comme aucune des personnes présentes ne peut prétendre être totalement pure, elles renoncent toutes une à une à la lapidation, permettant ainsi à la femme de rester en vie et d'être pardonnée par Jésus. Aujourd'hui jeter la première pierre, c'est être le premier à accuser une personne.

Jérémiade (une): *Exp. d'or. Bibl. "Cet individu me fatigue avec ses jérémiades"*. Le livre de la Bible intitulé *"Les Lamentations"* est attribué au prophète *Jérémie.* C'est une suite de cinq textes sur la destruction de Jérusalem. Jérémie se lamente sur la ville. Le sens de ce mot aujourd'hui : une plainte interminable et souvent inutile et mal venue.

Jessé : *Nom d'or. Bibl.* Connu dans d'autre traduction sous le nom d'Israël (à ne pas confondre avec le prophète Esaïe ou Isaïe à). Père du roi David, l'un des ancêtres de Jésus (1 Sam 16.1 ; Matt 1.5-6).

Jeûne d'automne : *Mot d'or. Bibl.* Autre nom du jour des expiations au cours duquel le grand-prêtre offrait un sacrifice pour les péchés du peuple d'Israël (Lév 16.29-34).

Jeûner, jeûne : *Mot d'or. Bibl.* Le jeûne consiste à s'abstenir volontairement de manger pendant un certain temps. Les anciens israélites le pratiquaient pour des motifs religieux : pour accompagner une prière ou exprimer qu'ils s'humiliaient devant Dieu (Dan 9.3 ; Luc 2.37).

Jihâd : *Mot d'or. Musul.* Jihad *(djihad ; lutte)* جِهَاد : lutte ; effort ; effort sur soi-même ; guerre sainte : 1. al-*Jihâd al-ʾAʿzam*, al-jihād al-ʾaʿẓam الجهاد الأعظم : grand jihad ; lutte suprême, celle de la réforme de soi-même ; 2. al-*Jihâd al-ʾAsghar*, al-jihād al-ʾaṣġar الجهاد الأصغر : petit jihad ; la guerre sainte ; guerre de défense de l'islam.

Jilbâb : *Mot d'or. Musul.* Jilbāb *(Djellaba)* جلباب : c'est un mot que l'on traduit parfois par voile dans le Coran;

Jinn : voir *Djinn*.

Jizʾya : *Nom d'or. Musul.* Jizʾya *(capitation)* جِزْية : nom donné à la capitation payée par les *dhimmis*.

Joug : *Mot d'or. Bibl.* Lourde pièce de bois fixée sur le cou de deux boufs pour les atteler à une charrue ou à un char. Ce terme est parfois utilisé comme une image pour indiquer la dépendance d'un esclave par rapport à son maître, ou d'un peuple par rapport à son roi (Rois 12.4), ou d'une relation par rapport à une puissance étrangère (Jér 27.8 ; 28.2), ou encore pour désigner le comportement qu'un maître propose à ses disciples, voir Matt 11.29-30).

Jouzʾ : *Mot d'or. Musul.* Juzʾ *(1/30 du Coran)* جزء pl. ajzāʾ أجزاء : Le *Coran* divisé en trente parties pour sa récitation en un mois. Un signe particulier marque le début de ces divisions ۞.

Judaïsme : *Nom d'or. Juda.* Religion des *Juifs*.

Judenstern : *Nom d'or. Juda.* « Etoile des Juifs » connue en français comme l'*étoile jaune*, imposée aux Juifs en territoire sous administration nazie dès 1941, dans un but de discrimination et de marquage.

Judéo-arabe : *Mot. d'or. Juda.* Ensemble des dialectes parlés par les juifs sépharades des pays de langue arabe.

Judéo-espagnol : *Mot. d'or. Juda.* Langue judéo-romane, parlée aujourd'hui par un certain nombre de *Juifs séfarades.*

Juifs : *Nom. d'or. Juda.* Membres du peuple d'Israël ; juif, adhérents au *judaïsme*.

Jumâdâ al-Ûlâ : *Mot d'or. Musul.* Jumādā al-ʾūlā *(le premier (mois) dur)* جمادى الأولى : nom du cinquième mois du *calendrier musulman.*

Jumâdâ ath-Thânîa : *Mot d'or. Musul.* Jumādā aṯ-ṯānīa *(le second (mois) dur)* جمادى الثانية : nom du sixième mois du *calendrier musulman.*

Jumua : *Mot d'or. Musul.* Jumuʿa *(vendredi)* جمعة : le jour où l'on s'assemble (jamaʿa) pour la prière.

Justice de Dieu / Jugement dernier : *Expr. d'or. Bibl.* 1. Dans la Bible, Dieu est le justicier par excellence : de lui viennent les notions de justice, de droits et de devoirs, d'équité et de probité. Dieu aime celui qui fait le bien et garde sa colère pour celui qui fait le mal. La justice de Dieu ne s'accomplit pas toujours sur la terre (ce qui amène certains à penser que Dieu n'existe pas ou qu'Il est impuissant), pour plusieurs raisons. L'une d'entre elles est que Dieu a délégué sa justice aux hommes : Sa justice s'accomplit dans un pays qui a établi ses lois d'après la pensée de Dieu (consciemment ou non), et qui cherche à faire régner le droit (ne pas laisser le mal sous toutes ses formes prendre le dessus sur le bien) (Rom. 13:1-5). 2. A la fin des temps, Dieu jugera le monde : tout ce qui a été fait en secret sera révélé (Matth. 10:26) et nous serons tous jugés selon le bien ou le mal que nous aurons dit, fait, ou pensé (2 Cor.5:10, Matth. 5:28). Il en résultera la vie éternelle pour les uns (voir : paradis) et la mort éternelle pour les autres (voir : enfer). C'est ce que les chrétiens et les Juifs appellent le jugement dernier (en référence aux passages : Daniel 12:2 ; Apocalypse 20 : 11-15). Etre sauvé, avoir l'assurance du salut, c'est savoir que l'on va être accepté par Dieu et que nous serons avec lui dans l'éternité, parce que nous aurons été déclarés « justes ».

Ka'aba : *Mot d'or. Musul.* Ka'aba *(cube)* كعبة : cube ; la Ka'aba de *La Mecque.*

Kabbala : *Mot d'or. Juda.* Théorie de mystique juive.

Kabbalat Chabbat : *Mot d'or. Juda.* Accueil du Chabbat.

Kaddich : *Mot d'or. Juda.* Sanctification d'un nom

Kaddish : *Mot. d'or. Juda.* Sanctification du *Nom divin*, prière juive.

Kadoch : *Nom d'or. Juda.* Saint.

Kafir : *Nom d'or. Musul.* Kāfir *(kâfir)* كافر : mécréant ; celui qui ne croit pas en Dieu et plus généralement qui ne reconnait pas l'Islam comme la religion de Dieu à suivre.

Kalâm : *Mot d'or. Musul.* 'Alim al-kalām *(théologie)* علم الكلام : science de la parole (divine).

Kalla : *Mot d'or. Juda.* Nouvelle mariée.

Kapparot : *Mot d'or. Juda.* Sacrifices expiatoires avant Kippour.

Karb : *Mot d'or. Musul.* Karb al-'aẓīm *(déluge)* كرب العظيم : l'immense cataclysme. Voir aussi *Tûfân.*

Karèt : *Mot d'or. Juda.* Retranchement.

Kazaït : *Mot d'or. Juda.* 30 grammes. Quantité à partir de laquelle il faut faire les bénédictions alimentaires.

Kéli : *Mot d'or. Juda.* Récipient, instrument, objet.

Kéri'a : *Mot d'or. Juda.* Déchirure du vêtement par un endeuillé.

Kétorèt : *Mot d'or. Juda.* Encens.

Kétouba : *Mot d'or. Juda.* Acte de mariage.

Ketouba : *Mot. d'or. Juda.* Mot *araméen* désignant un acte de *mariage* signé par le *rabbin* et deux témoins et remis à la mariée.

Kétouvim : *Mot d'or. Juda.* Hagiographes.

Ketouvim : *Mot. d'or. Juda.* Troisième partie de la *Bible hébraïque.*

Khadîja : *Nom d'or. Musul.* ẖadīja *(khadidja)* خديجة : nom de la première épouse de Mahomet; le mot laisse entendre qu'elle était un bébé fragile à la naissance : un *avorton.*

Khalife : *Mot d'or. Musul.* Voir *Calife.*

Khâliq : *Mot d'or. Musul.* Hāliq *(créateur)* خالق : *Al-Khâliq* est un des 99 ***attributs de Dieu.***

Kharâj : *Mot d'or. Musul.* Ḫarāj *(impôt foncier)* خراج : taxe ; impôt foncier dû par les propriétaires non-musulman.

Khâtib : *Nom d'or. Musul.* Ḫāṭib *(prédicateur)* خطيب : celui qui prononce le sermon du vendredi (khutba).

Khayr (خ ير) : *Mot d'or. Musul.* Le "bien".

Khilâfa : *Mot d'or. Musul.* Voir *Califat.*

Khitân : *Mot d'or. Musul.* Ḫitān *(circoncision)* ختان : *circoncision.*

Khoums : *Mot d'or. Musul.* Ḫums *(un cinquième ; 1/5)* خمس

Khoutba : *Mot d'or. Musul.* Ḫuṭba *(prédication)* خطبة : prédication ; discours ; sermon du vendredi.

Kiddouch : *Mot d'or. Juda.* Sanctification de Chabbat et des jours de fêtes.

Kiddouch : *Mot. d'or. Juda.* Courte bénédiction prononcée sur un verre de vin (ou de jus de raisin) lors du *chabbat* ou d'un jour de fête.

Kiddouchine : *Mot d'or. Juda.* Mariage juif.

Kinot : *Mot d'or. Juda.* Lamentations.

Kippa : *Nom. d'or. Juda.* Couvre-chef, souvent légèrement arrondi, porté par les juifs pratiquants.

Kippour : *Mot d'or. Juda.* Grand pardon.

Kislev : *Mot. d'or. Juda.* Troisième mois du *calendrier hébreu.*

Kitâb : *Mot d'or. Musul.* Kitāb *(livre)* كتاب : livre ; le Coran est appelé Al-Kîtab.

Kol Nidrè : *Mot d'or. Juda.* Premier office de Kippour.

Korbane : *Mot d'or. Juda.* Sacrifice.

Kotèl : *Mot d'or. Juda.* Mur des Lamentations.

Koufr : *Mot d'or. Musul.* Kufr *(koufr)* كفر : mécréance, apostasie.

Lachon hara' : *Mot d'or. Juda.* Médisance.

Ladino : *Mot. d'or. Juda.* Langue *judéo-espagnole.*

Lag ba'omèr : *Mot d'or. Juda.* 33ème jour du décompte.

Laghw : *Mot d'or. Musul.* Lag̃w *(futilité)* لغو : conversation inutile, futile.

La'în : *Mot d'or. Musul.* La'īn *(détesté)* لعين : maudit ; réprouvé. Al-La'în : *Satan.*

La'na : *Mot d'or. Musul.* La'na *(anathème)* لعنة : anathème ; malédiction.

Latîf : *Mot d'or. Musul.* Laṭīf *(bienveillant)* لطيف : bienveillant ; gentil ; aimable. Al-Latîf : un des 99 *attributs de Dieu.*

Laver les mains (s'en) : *Exp. d'or. Bibl. "Dans toute cette affaire, je n'y suis pour rien ; je m'en lave les mains".* Lors du procès contre Jésus intenté devant Pilate, celui-ci donne au peuple rassemblé le choix de sauver Barabbas ou Jésus. Le peuple choisit de gracier Barabbas. Pilate se lave alors les mains en disant : Je ne suis pas responsable de ce sang *(Mt 27, 20-26).* Aujourd'hui quand on dit cela, on veut préciser qu'on se dégage de toute responsabilité.

Laylat al-Qadr : *Expr. d'or. Musul. (nuit du destin)* ليلة القدر : « La nuit du destin » une nuit vers la fin du mois de *Ramadan* pendant laquelle *Mahomet* a reçu la première révélation.

Lâzim : *Mot d'or. Musul.* Lāzim *(obligatoire)* لازم : indispensable ; nécessaire ; obligatoire.

Léa : *Nom d'or. Juda.* Femme de Yaakov.

Lèpre ; lépreux : *Mot d'or. Bibl.* Dans la Bible, le même terme qu'on rend par *lèpre* avait un emploi plus étendu que celui que nous donnons aujourd'hui à ce mot : il désignait en effet, diverses maladies de peau, en plus de la lèpre proprement dite. Les gens atteints d'une de ces maladies étaient appelés *lépreux* et traités comme impurs (Lév 13-14). LES FETES : L'Ancien Testament connaît trois grandes fêtes principales de pèlerinage, qui sont d'ailleurs toujours célébrées dans le Judaïsme : 1. *La fête de la Pâque et la fête des Pains sans levain* sont souvent jumelées comme une seule et même fête commémorant la sortie d'Egypte. Elles étaient célébrées au printemps. 2. *La fête de la Moisson,* appelée aussi *fête de la Pentecôte,* avait lieu à la fin de la moisson du blé (Ex 23.16 ; Lév 23.15-21). 3. La fête de la récolte des olives et des fruits. On l'appelle aussi fête des

Huttes, car les israélites la célébraient en logeant pendant huit jours sous des huttes de branchages.

Levain : *Nom d'or. Bibl.* Pâte à pain fermentée que l'on ajoute à la pâte nouvelle pour qu'elle lève avant d'être cuite pour faire un pain. Parce qu'il est fermenté, le levain est souvent associé à l'idée d'impureté, de corruption, en particulier lorsque le terme est employé de façon imagée (Matt 16.6, 11-12 ; 1 Cor 5.6-8 ; Gal 5.9). Ce pendant l'image est prise en bonne part dans Matt 13. 33 et Luc 13.21), puisqu'il se rapporte au Royaume de Dieu. Voir aussi, *Pain sans levain.*

Lévites : *Mot d'or. Bibl.* Membres de la tribu de Lévi qui aidaient les prêtres dans le culte du temple (Nombre 3.1-13).

Lévitique : *Mot. d'or. Juda.* Troisième livre de la *Torah.*

Liboun : *Mot d'or. Juda.* Cashérisation par le feu.

Lieu saint, lieu très saint : *Mot d'or. Bibl.* Le *lieu saint* était la grande salle de la tente de la rencontre ou du temple de Jérusalem. Au-delà de cette salle se trouvait une seconde pièce, le *lieu très saint*, où le coffre sacré était déposé et où seul le grand-prêtre pouvait pénétrer une fois une par an (Lév 16 ; Hébr 9.7).

Lisân : *Mot d'or. Musul.* Lisān *(langue)* لسان : langue (anatomique ou linguistique).

Livre des Nombres : *Mot. d'or. Juda.* Quatrième livre de la *Torah.*

Loi (la loi de Dieu) : *Mot d'or. Bibl.* 1. Ce terme de l'Ancien Testament (Torah, en Hébreu) fait référence aux ordonnances que Dieu avait donné au peuple Juif, par l'intermédiaire de Moïse, pour instituer un état théocratique (= Dieu est le souverain). Il s'agit des 5 premiers livres de la Bible, appelés pentateuque. Les 10 commandements en sont le noyau central et constituent par essence une loi universelle, valable pour tous les peuples de tous les temps (et non réservée aux Juifs). 2. Le but de la Loi de Dieu était de nous révéler Sa pureté, Son standard du bien (très haut placé) et ses exigences pour nous, afin que nous nous comportions à son image, pour que notre société soit exempte du mal. Le fait que nul homme ne soit capable d'accomplir la Loi, ne signifie pas que Dieu soit inintelligent ou tyrannique, mais que nous avons le péché en nous. Ce péché (le principe du mal) nous empêche de faire le bien et de nous aimer les uns les autres à la hauteur de ce que Dieu voudrait pour nous. Nous avons la volonté et le désir de faire le bien que Dieu demande, mais non la capacité de le faire (Rom. 7). 3. Or la Loi de Dieu est très stricte et condamne à mort toute personne n'accomplissant pas à la perfection tous les commandements. Nous sommes tous coupables devant Dieu parce que la capacité à faire le mal est en nous et que nous avons tous fait du mal. Le péché entraîne notre mort physique et nous condamne à la séparation éternelle d'avec Dieu. En effet, Dieu est saint (c'est-à-dire pur, sans mal), et il ne peut cohabiter avec le mal. Nul de nous ne peut donc par lui-même rencontrer Dieu, découvrir le bonheur et être délivré du poids de ses fautes. Nous sommes comme un naufragé perdu en mer, dont le sort est inéluctable si personne ne vient l'aider. 4. Notre seul espoir est donc que quelqu'un vienne nous sauver pour que nous puissions un jour expérimenter l'amour de Dieu et avoir l'assurance de la vie éternelle. La Loi de Dieu est « comme un pédagogue pour nous conduire à Christ », comme dit l'apôtre Paul (Gal. 3:24). Car Jésus est le Sauveur préparé par Dieu : en prenant sur lui les conséquences de notre péché, en mourant à notre place, le Christ nous permet d'être libérés de la condamnation de la Loi. Et par sa résurrection, Jésus donne le moyen à celui qui croit en Lui de vaincre le péché et ainsi d'accomplir la Loi de Dieu.

Loi : *Mot d'or. Bibl.* 1. C'est ainsi que l'ancienne version grecque, suivie plus tard par le Nouveau Testament, a rendu le mot hébreu qui désigne l'enseignement ou les directives donnés par Dieu à son Peuple. 2. Il concerne à l'origine l'ensemble des commandements de Dieu pour Israël, en particulier ceux que Moïse a communiqués à ce peuple au Sinaï (Ex 20). 3. Par extension, la *loi* en est venue à désigner les livres où sont consignés ces commandements, c'est-à-dire, essentiellement les cinq premiers de la Bible. L'expression la *loi* est alors synonyme de *les livres de Moise* (2 Cor 3.15). 4. En un sens encore plus large, elle désigne l'ensemble de l'Ancien Testament (Jean 10.34 ; Rom 3.19), dans le même sens que l'expression la *loi de Moise et les livres des prophètes*. L'Apôtre Paul utilise parfois le même mot de *loi* pour parler d'une force qui pousse l'être humain à agir, en bien ou en mal selon les cas (Rom 7.22-23 ; 8.2).

Loth: *Nom d'or. Bibl.* Neveu d'Abraham (Gen 12. 4-5; Luc 17.28; 2 Pi2.7). Lot s'échappa de Sodome, avec ses filles, avant que cette ville soit détruite par Dieu (Gen 19.22-29).

Lou'hot Habrit : *Mot d'or. Juda.* Tables de la Loi.

Loulav : *Mot d'or. Juda.* Branche de palmier aux 4 espèces.

Ma malakat aymanoukoum : *Expr. d'or. Musul.* Mā malakat ʾaymānukum *(que votre main droite possède)* ما ملكت أيمانكم : cette expression désigne les captives de guerre (esclaves) que le musulman peut épouser en toute légalité.

Ma'assèr : *Mot d'or. Juda.* Dîme.

Ma'hzor : *Mot d'or. Juda.* Livre de prières des fêtes.

Maʿâd : *Mot d'or. Musul.* Maʿād *(destination)* معاد : l'au-delà comme destination finale.

Māchaʿ Allāh: *Expr. d'or. Musul.* Māšāʾ allāh *(Allah l'a voulu)* ماشاء الله : en écho à « *si Allah le veut* » (Inchaʿ Allāh) : On dit aussi *Mektoub.*

Machïa'h : *Mot d'or. Juda.* Messie / futur roi d'Israël.

Madhhab : *Mot d'or. Musul.* Maḏhab *(école juridique)* مذهب : école de pensée juridique. Désigne aussi le système de pensée qui en est issu, voire la religion et la foi.

Madrasa : *Mot d'or. Musul.* Madrasa *(école)* مدرسة : école au sens large ; en particulier école ou université coranique.

Maghreb : *Mot d'or. Musul.* Maḡrib *(occident)* مغرب : occident ; couchant ; ouest.

Maghrib : Maḡrib *(prière du soir)* مغرب : la quatrième *prière* canonique au coucher du soleil.

Maguen David : *Mot. d'or. Juda.* « Bouclier de David », appelé en français « étoile de David » ou « sceau de Salomon », devenu au cours des siècles précédents un symbole graphique du judaïsme et de la judéité, utilisé pour le drapeau de l'état d'Israël, nombre de sigles de *cacherouth* et, par dérision, la *Judenstern.*

Maguen David : *Mot d'or. Juda.* Etoile à 6 branches.

Mahdî : *Mot d'or. Musul.* Mahdī *(mahdi)* مهدي : pour les *Sunnites,* homme guidé par *ʾAllāh* qui viendra vers la fin des temps ; chez les *Chiites,* c'est une figure eschatologique proche du *Messie hébreu.*

Mahram : *Mot d'or. Musul.* Maḥram محرم : personne de la même famille avec qui on ne peut se marier.

Maîtres de la loi : *Nom d'or. Bibl.* Spécialistes des écrits de l'Ancien Testament, de ses cinq premiers livres en particulier. Ils étaient chargés de les expliquer. Certaines versions les désignent sous l'appellation de *scribes* ou de *docteur de la loi*.

Majlis : *Mot d'or. Musul.* Majlis *(parlement, réunion)* مجلس : endroit où l'on s'assied ; parlement ; réunion.

Makroûh : *Mot d'or. Musul.* Makrūh *(détestable)* مكروه : qualifie des actes réprouvés mais non réprimés.

Malâʾka : *Mot d'or. Musul.* Malāʾika *(ange)* ملائكة : ange.

Mamelouk : *Mot d'or. Musul.* Mamlūk *(possédé ; mamelouk)* مملوك pl. mamālīk مماليك : membres d'une milice formée d'*esclaves,* affranchis et recevant une solde à l'issue de leur formation, au service des *califes* et de l'*empire ottoman.*

Mamzer : *Nom. d'or. Juda.* Enfant né d'un adultère ou d'une relation incestueuse.

Mandoub :
mandūb *(recommandé)* مندوب :
recommandable
(voir *halal* et *mustahabb).*

Manne : *Nom d'or. Bibl.* Nourriture que les israélites reçurent de Dieu pendant leur séjour au désert (Ex 16.11-18 ; Jos 5.11-12) et leur tint lieu de pain.

Mansoûkh : *Mot d'or. Musul.* Voir *Abrogé.*

Manzil : *Mot d'or. Musul.* Manzil *(1/7 du Coran)* منزل : désigne une des sept parties du *Coran* pour sa récitation en une semaine (voir aussi juzʾ).

Maqsid: *Mot d'or. Musul.* Maqṣid *(but)* مقصد : but ; intention.

Maqsoura : *Mot d'or. Musul.* Maqṣūra *(maqsura, loge)* مقصورة : loge ; loge à l'intérieur d'une mosquée où le souverain se met à l'abri des attentats.

Marabout : *Mot d'or. Musul.* Murābiṭ *(murâbit ; marabout)* مرابط : saint ; membre d'une *râbita* ; ascète.

Mardoûd : *Mot d'or. Musul.* Mardūd *(repoussé)* مردود : qualifie les *hadiths* considérés comme *apocryphes.*

Marit ʻaïn : *Mot d'or. Juda.* Fausse impression.

Maror : *Mot d'or. Juda.* Herbes amères de Pessah.

Marranisme : *Mot. d'or. Juda.* Pratique secrète de la religion juive par les juifs d'*Espagne* ou du *Portugal* forcés de se convertir au *christianisme.*

Maʿrûf : *Expr. d'or. Musul.* Maʿrūf *(bien connu)* معروف : ce qui est connu de tous.

Mashhad : *Mot d'or. Musul.* Mašhad *(lieu d'un martyre)* مشهد : *Mashhad* est le nom de la deuxième ville d'Iran, lieu du mausolée d'*`Alî ben Mûsâ ar-Ridhâ* huitième imam.

Masjid : *Mot d'or. Musul.* Voir *Mosquée.*

Maʿsoûm: *Mot d'or. Musul.* Maʿsūm *()* معصوم, pl. maʿsūmūn معصومون, maʿsūmīn معصومين : littéralement, complètement intact ; impeccable. Cela peut qualifier un enfant indemne de tout péché, les *chiites duodécimains* considèrent *Mahomet*, sa fille *Fatima* et les douze *imams* comme les quatorze *ma`asûmûn.*

Masyah : Voir *Messie.*

Matan Torah : *Mot. d'or. Juda.* « Don de la Torah » aux enfants d'Israël par l'intermédiaire de Moïse sur le mont Sinaï.

Matane Torah : *Mot d'or. Juda.* Don de la Torah.

Matsa : *Mot d'or. Juda. Mot d'or. Juda.* Pain azyme.

Matza : *Mot. d'or. Juda.* Pain non levé, consommé pendant *Pessa'h.*

Maulânâ ou **Mawlânâ** : *Mot d'or. Musul.* Mawlānā *(notre mollah)* مولانا : notre maître ; titre de respect pour une autorité en matière de religion (voir Mollah).

Mawlâ/Mawâlî : *Nom d'or. Musul.* Mawlā, *(client, esclave affranchi)* مولى, au pl. mawāli موالٍ, mawlā (مَوْلى) ; nom donnés aux esclaves affranchis mais qui restent attachés à leur maître / c'est curieusement le même mot qui donne *Mollah* et a un sens presque contraire.

Mawlid : *Mot d'or. Musul.* Abréviation de : mawlid an-nabawîy, مولد النبويّ, *naissance du prophète* : fête qui commémore la naissance de *Mahomet.*

Mazal Tov : *Mot. d'or. Juda.* « Bonne étoile » mot *hébreu* signifiant « félicitations ! ».

Mé'èn chaloch : *Mot d'or. Juda.* Mini Birkat Hamazone.

Mé'èt lé'èt : *Exp. d'or. Juda.* D'un coucher du soleil à l'autre.

Médersa : *Mot d'or. Musul.* Madrasa *(médersa)* مدرسة : vocalisation du mot *madrasa* utilisée au *Maghreb* pour désigner une université coranique.

Mekhitsa : *Mot. d'or. Juda.* Cloison de partition entre hommes et femmes dans les synagogues.

Mektoub : *Mot d'or. Musul.* Mektūb *((c'était) fatal)* مكتوب : fatal ; écrit (voir *Mācha ʿ Allāh*).

Mélakhot assourot : *Mot d'or. Juda.* Travaux interdits Chabbat et fêtes.

Mélavè Malka : *Mot d'or. Juda.* Repas rituel après la sortie du Chabbat.

Mélèkh : *Nom d'or. Juda.* Roi.

Mellah : *Mot. d'or. Juda.* Nom marocain du *ghetto* européen.

Ménora : *Mot d'or. Juda.* Chandelier à 7 branches.

Menorah : *Mot. d'or. Juda.* Chandelier sacré à sept branches.

Mer des Roseaux : *Mot d'or. Bibl.* Etendue d'eau (lagune, lac ou bras de mer) que les israélites traversèrent sous la direction de Moïse lors de leur sortie d'Egypte (Ex 13.18). Sa localisation exacte reste discutée.

Messager : *Nom d'or. Musul.* Rasūl *(prophète, envoyé, messager, rasûl)* رسول : envoyé; messager (de Allah). Le *prophète (Nabî)* lance des avertissements à une population donnée, le *messager (Rasûl)* apporte une révélation majeure.

Messie : *Mot d'or. Musul.* Masyaḥ *(messie)* مسيح : Le Messie *(Jésus)* est différent du *Mahdi.*

Messie : *Mot. d'or. Juda.* « Oint », 1. Au sens large, une personne consacrée à la royauté, à la prophétie ou à la prêtrise par onction d'une huile aromatique 2. Au sens restreint, un roi issu de la maison de David qui doit se révéler à la fin des temps pour restaurer la royauté de Dieu et le royaume de David sur terre.

Messie : *Nom d'or. Bibl.* 1. Transcription française du titre hébreu *Machia.* 2. Ce titre était attribué aux rois d'Israël (et plus tard aux grands prêtres) pour signifier qu'ils ont été consacrés, c'est-à-dire, choisis et désignés par Dieu pour une fonction particulière. 3. Petit à petit le titre de *Messie* a été réservé au roi sauveur, dont certains prophètes de l'Ancien Testament annonce la venue (Es 9.6 ; Jér 23.5). 4. Le Nouveau Testament applique ce titre à Jésus, en général sous sa forme grecque *Christos*, que le français transcrit par *Christ*.

Meule à blé : *Mot d'or. Bibl.* Pour moudre le blé et en obtenir de la farine, on utilisait deux grosses pierres dures, ou *meules* : la *meule inférieure*, fixée en terre, comportait une excavation dans laquelle on faisait tourner la *meule supérieure* qui, qui broyait ainsi le blé (Deut 24.6 ; Es 47.2). Une *meule à blé* pouvait être très lourde (Lam 5.13 ; Apoc 18.21).

Mezouzah : *Mot. d'or. Juda.* « Linteau », boîte contenant un rouleau de parchemin et fixée sur le montant des portes d'un lieu d'habitation.

Mézsouza : *Mot d'or. Juda.* Boîtier de porte contenant des textes sacrés.

Michel : *Nom d'or. Bibl.* L'un des chefs des anges (Jude 9 ; Apoc 18.21).

Michkane : *Nom d'or. Juda.* Temple sinaïtique.

Michloa'h manot : *Mot d'or. Juda.* Cadeaux alimentaires de Pourim.

Michna : *Mot d'or. Juda.* Commentaire législatif de la Torah.

Midat HaDin (הדין מדת) : *Mot. d'or. Juda.* L'attribut divin de la justice stricte.

Mihrab : *Mot d'or. Musul.* Miḥrāb *(mihrâb)* محراب : niche tournée vers *la Mecque* dans une *mosquée.*

Mikvè : *Mot d'or. Juda.* Bassin rituel.

Mikvé : *Mot. d'or. Juda.* Bain rituel utilisé pour l'ablution rituelle.

Mimouna : *Mot. d'or. Juda.* Fête *séfarade* de la fin de *Pessa'h,* célébrant le retour du *hametz.*

Min'ha : *Mot d'or. Juda.* Office de l'après-midi.

Minaret : *Mot d'or. Musul.* Miʾḏana *(minaret)* مئذنة : le mot arabe désigne le lieu d'où le *muezzin (muʾwaḏḏin)* fait l'appel à la prière *(ʾaḏân)*. Le mot français dérive du *turc minare* venant du mot arabe *manāra*, منارة, signifiant « tour ».

Minbar : *Mot d'or. Musul.* Minbar *(minbar)* منبر : chaire du prédicateur.

Minhaj : *Mot d'or. Musul.* Minhaj *(méthode)* منهج : méthodologie ; ligne de conduite.

Miniane : *Mot. d'or. Juda.* Quorum de dix hommes adultes nécessaire à la récitation des prières.

Minyan : *Mot d'or. Juda.* 10 hommes dans un office.

Miʿraj : *Mot d'or. Musul.* Miʿrāj *(ascension)* مِعْرَاج : ascension (littéralement : « échelle ») de *Mahomet* aux *cieux* lors du « voyage nocturne » *(isra).*

Miswâk : *Mot d'or. Musul.* Miswāk *(cure-dent)* مسواك, voir *Siwak*

Mitsva : *Mot d'or. Juda.* Commandement biblique.

Mo'èd : *Mot d'or. Juda.* Fête.

Mohel : *Nom d'or. Juda.* Circonciseur qui exécute la *brit milah.*

Mohèl : *Mot d'or. Juda.* Circonciseur.

Moïse : *Nom d'or. Juda.* Prophète, initiateur de la sortie d'Egypte.

Molad : *Mot d'or. Juda.* Apparition de la nouvelle lune.

Mollah / **Mullah** : *Mot d'or. Musul.* Mawlā *(mollah)* ملا : aide ; auxiliaire ; dans l'islam, titre donné aux personnalités religieuses, aux docteurs de la loi.

Molok : *Nom d'or. Bibl.* L'une des plus abominables idoles du pays de Canaan (voir Act 7.42-53).

Mort : 1. Dieu n'a pas voulu que la mort survienne dans le monde. A l'origine, les hommes pouvaient vivre éternellement dans la présence de Dieu. Mais la mort (et avec elle tout ce qui lui est rattaché : les maladies, la vieillesse…) est la conséquence de la désobéissance des premiers hommes (Genèse 3 ; voir péché originel). La mort, nous dit la Bible, est double : elle est physique (notre corps vieillit puis se désagrège) et aussi spirituelle (notre esprit est coupé de Dieu, source de l'Amour dont nous avons besoin). Elle correspond donc à la cessation de la vie dans ces deux dimensions. 2. Après notre mort physique, nous serons jugés par Dieu, selon le mal et le bien que nous aurons fait. Les uns iront dans des lieux de tourments (l'enfer), tandis que d'autres hériteront de la vie éternelle dans la présence de Dieu (le paradis). Ceux qui auront placé leur confiance en Jésus (voir salut), seront eux aussi jugés, mais sont assurés dors et déjà du pardon de leurs péchés. Ils ont ainsi l'assurance qu'ils iront dans la présence de Dieu et que leur jugement ne pourra pas être la peine capitale (la condamnation à l'enfer). 3. Ceci n'est pas une croyance, c'est une réalité car Jésus est vivant : il est revenu de la mort et est donc, pour tous ceux qui croient en lui, la preuve vivante de la vie éternelle qui les attend (voir l'article : y a-t-il une vie après la mort). Ceux/celles qui ont foi en Jésus, passent déjà sur terre de la mort spirituelle à la vie éternelle. C'est ce que la Bible appelle la nouvelle naissance. L'esprit des croyants est remis en communion avec l'Esprit de Dieu, ce qui leur permet d'expérimenter et de ressentir la présence de Dieu et son action dans leur vie. Après leur mort, ils recevront un nouveau corps, de nature spirituelle.

Moshe Rabbenou : *Mot. d'or. Juda.* « Moïse notre maître », prophète récipiendaire de la parole divine couchée par écrit dans les *cinq livres* de la *Torah.*

Mosquée : *Mot d'or. Musul.* Jāmiʿ *(jâmiʿ, mosquée)* : lieu de l'assemblée; grande mosquée, donne le mot *turc cami*, le mot français *mosquée* dérive de *masjid* مسجد : lieu où l'on se prosterne.

Motsaè Chabbat : *Mot d'or. Juda.* Sortie du Chabbat.

Mouktsè : *Mot d'or. Juda.* Objets et instruments interdits de déplacement.

Mouloud, **muulud**, **mouled** ou **mao ulide :** *Mot d'or. Musul.* Voir *Mawlid.*

Moussaf : *Mot d'or. Juda.* Office supplémentaire Chabbat et jours de fête.

Moutar : *Mot d'or. Juda.* Permis.

Mu'akkada : *Mot d'or. Musul.* معاقدة se dit d'une pratique religieuse très fortement recommandée. Le terme est plus fort que Mustahabb.

Muʿawidhatân : *Mot d'or. Musul.* Muʿawiḏatān *(les deux (sourates) protectrices)* معوذتان : *Al-Muʿawidhatân* est le nom donné aux deux dernières *sourates* du *Coran* "*L'aube*" et "*Les Hommes*", dites les *sourates du refuge* censées protéger de la souffrance et du mauvais œil.

Mubâh : *Mot d'or. Musul.* Mubāḥ *(autorisé)* مباح : qualifie ce qui est ni interdit ni recommandé (voir *halal).*

Muchrik : *Mot d'or. Musul.* Mušrik *(polythéiste ; associateur)*, مشرك pl. mušrikūn مشركون : Celui qui professe qu'il y a d'autres divinités (idoles) avec Dieu : Un terme fréquent dans le Coran, par exemple *Le Coran*, « La Vache », II [archive], 105, (ar) البقرة [archive].

Muezzin : *Mot d'or. Musul.* Muʿwaḏḏin *(muezzin)* مؤذن : le mot français dérive du *turc müezzin*, venant de l'arabe, et désigne la personne de la mosquée chargée de l'appel à la prière *(ʾaḏân)*.

Mufsid : *Mot d'or. Musul.* Mufsid *(corrupteur)* مفسد pl. mufsidūn مفسدون .

Mufti : *Nom d'or. Musul.* ممفتي est un religieux musulman sunnite qui est un interprète de la loi musulmane. Il a l'autorité d'émettre des avis juridiques, appelés fatwas.

Muhâjir : *Nom d'or. Musul.* Muhājir *(muhâjir)* مهاجر pl. muhājirūn *(muhâjirûn)* مهاجرون : exilés, réfugiés, désigne les compagnons de *Mahomet* qui l'ont rejoint à *Médine* au moment de l'*hégire* pour les distinguer de ceux qui sont originaires de Médine.

Muharram : *Mot d'or. Musul.* Muḥarram *(sacré)* محرم : nom du premier mois du *calendrier musulman, le plus sacré.*

Muhtasib : *Mot d'or. Musul.* Muḥtasib *(muhtasib)* مُحْتَسِب : au départ contrôleur des prix; chargé de *hisba,* plus tard sa mission a consisté à traquer les apostats et autres hérétiques pour les tuer.

Mujahid : *Nom d'or. Musul.* Mujāhid *(mujâhid, moudjahid)* مجاهد pl.

mujāhidūn *(moudjahidin)* مجاهدون : combattant; résistant; militant, celui qui pratique le *jihād.*

Mujtahid : *Mot d'or. Musul.* Mujtahid *(mujtahid)* مجتهد : celui qui a les qualifications requises pour pratiquer l'*'ijtihād.*

Muladi, espagnol : *Nom d'or. Musul.* Muladí, pl. muladíes, de l'arabe muwallad, *(métis)*, مولّد : désignait dans *al-Andalus,* les nouveaux convertis à l'islam ;

Mu'min : *Mot d'or. Musul.* Mu'min *(croyant)* مؤمن pl. mu'minūn مؤمنون .

Munafiq : *Mot d'or. Musul.* Munafiq *(hypocrite)* منفق : pl. munāfiqūn منافقون .

Munaqaba : *Mot d'or. Musul.* Munaqaba منقبة pl. munaqabāt منقبات : une femme qui porte le *niqab.*

Murâbit : Voir Marabout.

Murchid : Muršid *(guide (spirituel))* مرشد : dans le *soufisme* un guide spirituel.

Murtadd : *Mot d'or. Musul.* Murtadd *(apostat)* مرتد : apostat ; celui qui renie l'islam.

Muselière : *Mot d'or. Bibl.* Appareil qui entoure le museau d'un animal et qui l'empêche d'ouvrir la gueule pour mordre ou pour manger.

Muslim : *Mot d'or. Musul.* Forme anglo-saxonne du mot musulman, voir *Musulman.*

Mustahabb : *Mot d'or. Musul.* Mustaḥabb *(préférable)* مستحبّ : qualifie une action recommandable mais non obligataire (voir *halal*).

Musulman : *Mot d'or. Musul.* Muslim *(musulman, mahométan)* pl. muslimūn *(musulmans, mahométans)* مسلمون : le mot français dérive du *turc müslüman* ou du *farsi* مسلمان *mosalmān*, venant de l'arabe : textuellement « soumis ». Le musulman se soumet au *Coran*, parole d'*Allah,* adepte de l'*islam.*

Mut'a : *Mot d'or. Musul.* Mut'a *(mut'a)* متعة : compensation donnée à une femme après un divorce, désigne aussi le mariage temporaire.

Mutawâtir : *Mot d'or. Musul.* Mutawātir *(récurrent)* متواتر : notoires ; récurrent, se dit d'un *hadith* se trouvant à plusieurs reprises avec des chaînes de garants différentes.

Myriam : *Nom d'or. Juda.* Prophétesse, sœur de Moïse.

Myrrhe : *Nom d'or. Bibl.* 1. Substance d'origine végétale. Utilisé comme parfum (Ps 45.9 ; Cant 1.13), elle servait aussi à préparer l'huile d'onction (Ex 30.22-25), ou à imprégner les bandes de lin dont les Juifs entouraient le corps d'un défunt avant de le déposer dans une tombe (Jean 19.39). 2. Produit d'importation, donc cher, elle représentait un cadeau de valeur (Matt 2.11). 3. Mêlée à du vin, la *myrrhe* avait une action enivrante atténuant les douleurs (Marc 15.23).

Moïse (un): *Exp. d'or. Bibl. "le bébé dort bien au chaud dans son moïse" (Exode 2, 1-10)* : le début de ce livre de l'Exode nous raconte la naissance de *Moïse.* "La fille de Pharaon traita l'enfant comme un fils et lui donna le nom de *Moïse,* car disait-elle, "je l'ai tiré des eaux". Un *moïse* est une corbeille en osier qui sert de berceau portatif.

Nafil : *Mot d'or. Musul.* Nāfil *(superflu)* نافل : surérogatoire.

Nafs : *Mot d'or. Musul.* Nafs *(âme)* نفس : âme.

Nahw : *Mot d'or. Musul.* Naḥw *(nahw)* نَحْو : grammaire, nécessaire pour comprendre le Coran.

Najâsa : *Mot d'or. Musul.* Najāsa *(impureté)* ; état d'impureté qui oblige le croyant à recourir aux *grandes ablutions*.

Nakîr et Munkar : *Nom d'or. Musul.* Nakīr wa munkar *()* منكر و نكير : Les noms des deux anges qui testent la foi des défunts dans leur tombe.

Nard : *Nom d'or. Bibl.* Plante (Cant 4.13.14) dont on extrayait un parfum précieux (Marc 14.3).

Nasîha : *Mot d'or. Musul.* Naṣīḥa *(conseil)* نصيحة : avis ; recommandation.

Nâsikh : Voir *Abrogeant*.

Nass : *Mot d'or. Musul.* Naṣṣ *(décision)* نصّ : prescription ; clause ; stipulation.

Nazaréen : *Nom d'or. Bibl.* Personne venant de Nazareth. Surnom qui fut donné à Jésus (Matt 2.23). Il servit aussi à désigner les premiers chrétiens (Act 24.5).

Né'ila : *Mot d'or. Juda.* Dernier office de Kippour.

Nèdèr : *Mot d'or. Juda.* Engagement.

Ner Tamid': *Mot. d'or. Juda.* Lumière éternelle dans la *synagogue*.

Nétilat yadaïm : *Mot d'or. Juda.* Ablution des mains.

Neviim : *Mot. d'or. Juda.* Seconde partie de la *Bible hébraïque*.

Néviim : *Nom d'or. Juda.* Prophètes.

Nicolaites : *Nom d'or. Bibl.* Groupement mentionné dans Apocalypse 2.6, 15, dont les enseignements et les actions sont condamnés et dont on ignore à peu près tout. Il semble qu'ils se livraient à l'idolâtrie et à l'immortalité.

Nida : *Mot d'or. Juda.* Menstrues.

Nifaq : *Mot d'or. Musul.* Nifāq *(tartufferie)* نفاق : fourberie ; imposture ; pharisaïsme.

Ninive : *Nom d'or. Bibl.* Ancienne capitale de l'Assyrie, à l'est du fleuve Tigre ; ville où prêcha le prophète Jonas (Jon 3.1-10 ; Matt 12.41 ; Luc 11.30).

Niqab : *Mot d'or. Musul.* Niqāb *(voile de visage)* نقاب : *voile* attaché derrière la tête posé sur le haut du nez couvrant le bas du visage.

Nissan : *Mot. d'or. Juda.* Septième mois du *calendrier hébreu.*

Noé : *Nom d'or. Bibl.* 1. Personnage de l'Ancien Testament. Il construit l'arche, dans la quelle lui-même, sa famille et les animaux furent sauvés de la grande inondation – ou déluge – (Gen 6.5-9.28). 2. Il est nommé plusieurs fois dans les livres (Es 54.9 ; Ezék 14.14, etc.) et dans le Nouveau Testament (Matt 24:37 ; Hébr 11.7, etc.).

Nouveau Testament (du), Semer la zizanie : *Exp. d'or. Bibl. "Je ne vous accepte pas avec nous si c'est pour semer votre zizanie".* C'est une référence au texte d'évangile où Jésus parle du royaume de Dieu comme d'un champ où Satan, le mal, sème l'ivraie au milieu du bon grain *(Matthieu 13, 24-30).* La zizanie, c'est la mauvaise herbe, l'ivraie. *Semer la zizanie* c'est faire naître la discorde, le trouble entre des personnes.

Nouvelle naissance : *Expr. d'or. Bibl.* Cette expression vient de Jésus (Evangile de Jean 3:3-5) et désigne le changement qui s'opère dans la vie de celui/celle qui met sa foi en Jésus. Nous sommes nés une première fois, physiquement, mais notre esprit est « mort », c'est-à-dire qu'il est coupé de Dieu. Lorsque quelqu'un croit en Jésus et l'accepte dans sa vie pour suivre ses commandements, le Saint-Esprit vient régénérer son esprit : c'est une nouvelle naissance, de nature spirituelle. La personne découvre alors une relation personnelle avec Dieu. Elle peut entrer en communication avec Dieu, vivre sa présence et recevoir l'assurance du pardon de ses péchés. Dieu fait de cette personne une nouvelle création (2 Cor. 5:17) : si le croyant se laisse changer intérieurement par Dieu, son comportement est transformé. Il/elle devient un enfant de Dieu : Dieu se manifeste à lui/elle comme un vrai Père (1 Jean 3 : 9-10, Rom. 8:14-15).

Nubuwwa : *Mot d'or. Musul.* Nubuwwa *(prophétie)* نبوّة .

Nûr : *Mot d'or. Musul.* Nūr *(lumière)* النور.

Occultation : Voir *Ghrayba.*

Omeyyades : *Mot d'or. Musul.* Banu umayya ou al umawiyyun au pluriel et exemple " Suleyman al Umawi " pour désigner le singulier.

Ouchpizine : *Mot d'or. Juda.* Hôtes de la Soucca.

Ouléma : *Mot d'or. Musul.* ʿālim *(ʻâlim, ouléma)* عَالِم : au sens littéral, « savant ». En islam, « théologien ». Plus connu au pluriel, *ʿulamāʾ (ʻoulamâ')* عُلَمَاء, passé en français sous la forme *ouléma*, qui sert aussi de singulier : « un *ouléma* ».

Oumma : *Mot d'or. Musul.* ʾumma *(ʾoumma)* أُمَّة : la communauté des croyants.

Outre : *Nom d'or. Bibl.* Peau de chèvre cousue en forme de sac, qu'on utilisait pour conserver ou transporter des liquides (eau, lait, vin).

`Oumra : *Mot d'or. Musul.* ʿumra *(ʻoumra)* عُمْرَة : (petit) pèlerinage non obligatoire, ne faisant pas partie des cinq *piliers de l'islam.*

`Ourf : *Mot d'or. Musul.* ʿUrf *(ʻourf)* عُرْف : coutume.

Pains sans levain : *Nom d'or. Bibl.* Pains qui on été cuits sans que l'on ait ajouté du levain à la pâte. Pendant toute la semaine qui suivait la Pâque, c'est le seul genre de pain que les israélites pouvaient consommer (Ex 12.14.20). C'est pourquoi on l'appelait aussi *fête des pains sans levain*, la *fête* qui durait sept jours à partir de la Pâque, au cours de laquelle on célébrait la libération du peuple d'Israël et la fin de son esclavage en Egypte.

Pâque (fête de la) : *Nom d'or. Bibl.* La *Pâque* (voir Calendrier) est la plus grande fête religieuse du Judaïsme. Les contemporains juifs de Jésus venaient la célébrer à Jérusalem. Elle avait lieu au printemps et commémorant la sortie d'Egypte (Deut 16.1-8). Il ne faut pas la confondre avec *Pâques,* fête chrétienne commémorant la résurrection de Jésus.

Parabole : *Mot d'or. Bibl.* L'Ancien Testament connaît déjà la parabole (2 Sam 12.1-7 ; Es 5.1-7). Cette manière de parler indirectement par image, veut amener l'auditeur à saisir une vérité qui ne lui est pas évidente. Jésus utilisait volontiers ce genre de récit ou de comparaison pour faire découvrir à ceux qui l'entendaient, ce qu'ils ne pouvaient connaître par eux-mêmes du Royaume de Dieu ou du comportement nouveau auquel Dieu appelle les humains.

Paracha : *Mot d'or. Juda.* extrait de la Torah.

Paradis : *Mot d'or. Musul.* Le paradis des musulmans est un jardin (Voir *Janna*).

Paradis : *Nom d'or. Bibl.* Nom désignant le ciel où réside Dieu.

Paradis : *Nom d'or. Bibl.* 1. Comme l'enfer, le mot paradis ne veut plus rien dire pour beaucoup de gens aujourd'hui, tellement il a été galvaudé. Pourtant, selon la Bible, c'est lui aussi une réalité. Le terme vient de la traduction latine du lieu de félicité où l'homme avait été créé (livre de la Genèse). L'endroit ne nous est pas décrit avec précision, la Bible mettant l'accent sur ce qui est primordial : c'est là que *l'homme vivait en harmonie avec son Créateur, avec son prochain et avec la nature.* 2. Mais, à cause du péché, les hommes ont perdu leur relation avec Dieu et donc ce paradis. La vie sur terre est devenue dure et pleine de souffrances. La mort a fait son apparition. Progressivement, chez les Juifs, le mot paradis a désigné l'endroit de repos et de bonheur où seront les croyants après leur mort (le paradis retrouvé, appelé « ciel » par les chrétiens), par opposition avec l'enfer (lieu où iront ceux qui auront fait le mal). 3. Jésus confirme ces deux destinées après la mort. La Bible s'achève par la description d'une nouvelle terre où la mort, le mal et la souffrance n'existeront plus et où les hommes vivront une relation d'amour et d'intimité avec Dieu. Ceux qui auront souffert seront consolés, justice sera faite, le bonheur sera enfin possible et ce, pour l'éternité. Jésus, en ressuscitant des morts et en montant au ciel, a donné la preuve éclatante que le paradis n'est pas une invention de l'homme ou un espoir irréel mais bel et bien une vérité. C'est pourquoi il a pu dire au brigand qui était crucifié comme lui : « *aujourd'hui, tu seras avec moi dans le paradis* » (Evangile de Luc 23:43).

Parasha : *Mot. d'or. Juda.* (« Péricope »), division du texte de la Bible hébraïque.

Parchemin : *Nom d'or. Bibl.* Peau d'animal, habituellement de mouton ou de chèvre préparée spécialement pour que l'on puisse écrire dessus.

Pardon, réconciliation : *Mot d'or. Bibl.* 1. Il n'y a pas en hébreu ou en grec de verbe correspondant exactement à notre "pardonner". On trouve surtout, en hébreu, le verbe ***kapar,*** qui signifie "couvrir", auquel on ajoute le péché ou la faute comme complément, ce qui donne du pardon une image un peu décevante, celle de "couvrir le péché" comme on recouvre un tas d'ordures dans un coin de la cour. Voir le nom de la grande fête juive du "***Yom kippour***", le Jour du Pardon. 2. Le grec connaît un verbe plus proche de la notion de pardon : ***charizetai***.

Parokhet : *Mot. d'or. Juda.* Rideau brodé, fermant l'*Arche sainte.*

Parti d'Hérode : *Nom d'or. Bibl.* Parti politique composé des Juifs qui tenaient avoir l'un des descendants du roi Hérode le Grand régner sur eux à la place du gouverneur romain.

Parvè : *Mot d'or. Juda.* Aliment ni *bassari* ni *'halavi.*

Pauvre comme Job : *Exp. d'or. Bibl. "Voilà un homme dans la misère, il est pauvre comme Job"* (*Le livre de Job : chapitres 1 et 2)* raconte l'histoire d'un homme qui croit en Dieu et que rien ne peut faire renoncer à sa foi. Il perd toute sa famille et tous ses biens ; il devient lépreux. Mais rien n'y fait, il reste fidèle à Dieu.
Être *pauvre comme Job*, c'est se trouver dans une situation de pauvreté extrême.

Patriarches : *Nom d'or. Bibl.* Les ancêtres de la race juive, tels qu'Abraham, Isaac et Jacob avec lesquels Dieu fit alliance.

Pause : *Mot d'or. Bibl.* Traduction traditionnelle d'un terme hébreu dont on ignore la signification exacte. Il est inséré en particulier une, deux ou même trois fois dans trente-neuf psaumes et dans Hab 3. La traduction adoptée suggère que l'exécution chantée du psaume, était momentanément interrompue, peut-être pour faire place à un intermède musical.

Péché originel : *Expr. d'or. Bibl.* 1. Cette expression ne se trouve pas dans la Bible mais a été employée par les chrétiens à la suite des réflexions de Saint Augustin (Vème siècle). Elle renvoie au chapitre 3 de la Genèse (1er livre de la Bible), qui raconte comment les premiers hommes ont perdu leur relation intime avec leur Créateur, à cause de leur orgueil. 2. *Le péché originel consiste en ce que les hommes veulent être leur propre dieu.* Au lieu de garder leur position de créatures, limitées, dépendantes de Dieu pour tout, les hommes ont voulu s'arroger le droit de décider par eux-mêmes ce qui est bien ou mal pour eux. Ils ont résolument choisi de faire leur vie sans Dieu, bien que Dieu soit Amour. La Bible explique que par ce choix d'indépendance vis-à-vis de Dieu, le mal est entré en chacun(e) de nous (Rom. 5:12). Guerres, jalousies, meurtres, mensonges, vols, séparations… en ont résulté et sont le lot de tous les hommes de tous les temps, depuis cette faute première, répétée par chacun(e). Mais Dieu, parce qu'il nous aime, a décidé de nous pardonner en Jésus-Christ, pour nous sauver.

Péché : *Mot d'or. Bibl.* 1. La notion de péché est spécifique de la Bible et ne se trouve dans aucun autre livre religieux. Le mot traduit par « péché » veut dire littéralement en hébreu « manquer le but, rater la cible ». 2. *Il désigne dans la Bible le fait que l'homme, par son attitude de doute ou de rejet par rapport à Dieu, se coupe du plan de bonheur que Dieu a pour lui.* Ainsi, il ne s'agit pas tant de la transgression d'une loi morale – comme on le croit souvent- que d'une *rupture d'une relation personnelle entre l'homme et Dieu.* Dieu veut bénir l'homme, l'amener à être véritablement heureux. La vraie vie est dans une relation de communion avec Dieu puisqu'il est par essence la Vie et l'Amour. Faire sa vie sans Dieu revient donc à manquer le but de la vie. La vie perd son sens, elle n'a plus de but et elle devient difficile. 3. Le péché en tant que tel est une *faute* dans le sens où il s'agit d'une rupture unilatérale (par la volonté de l'homme) d'une relation harmonieuse entre Dieu et l'homme. Comme toute rupture elle entraîne blessures profondes, conséquences désastreuses et appelle à réparation. Ce n'est que tardivement que le péché a pris une connotation juridique d'iniquité, de transgression, de désobéissance. Cet abus de langage nous conduit malheureusement à croire que Dieu n'est qu'un despote sévère qui ne pense qu'à punir. Or Dieu est Amour. Lui, l'offensé, veut pardonner et nous empêcher de subir les conséquences dramatiques de nos propres actes. Il serait plus juste de dire que *nos mauvaises actions sont le résultat de notre séparation d'avec Dieu.* 4. Par le fait que nous sommes coupés de l'Amour Vrai, nous avons perdu les repères de ce qui est bon pour nous (le bien) et nous sommes livrés à nos pulsions égoïstes (le mal). Nous sommes tous pécheurs, en ce sens que nous sommes tous coupés d'une relation intime et personnelle avec Dieu. C'est le péché en nous et sur terre qui cause les maladies et la mort. Cet état de fait nous conduit, si nous n'y faisons rien, à une séparation éternelle d'avec Dieu, après la mort (Rom. 6 :23). Actuellement, le mal règne sur terre, mais Dieu le limite et ne nous a pas retiré ses bénédictions et son Amour. La séparation éternelle sera marquée par l'absence totale de Dieu : seul le mal dans toute son horreur sera présent (voir « enfer »). Après la mort, nous ne pourrons plus changer d'attitude vis-à-vis de Dieu, ni de comportement. C'est sur terre que nous devons faire le choix d'accueillir ou non le salut de Dieu. *Ce salut est offert à chacun(e).*

Pelle à vanner : *Nom d'or. Bibl.* Instrument semblable à une pelle ou à une fourche, et servant à secouer le blé pour séparer le grain de la paille.

Pentateuque : *Mot. d'or. Juda.* « Cinq coffres à livres », appellation grecque de la *Torah.*

Pentecôte, Jour de la : *Nom d'or. Bibl.* 1. Fête israélite de la moisson (voir *Calendrier*), qui devint plus tard une commémoration du don de la loi et de l'alliance au Sinaï. 2. Le nom de *Pentecôte* qui signifie « cinquantième » vient de ce que cette fête était célébrée le cinquantième jour après celle de la Pâque (voir Lév 23.16 et la note). 3. A la Pentecôte, les chrétiens commémorent le don du Saint-Esprit à la communauté de Jérusalem (Act 2.1-4).

Péot : *Mot. d'or. Juda.* Coins de la barbe et de la chevelure, que la Torah proscrit de couper afin de ne pas ressembler aux nations environnantes et que les juifs observants laissent volontairement pousser en tresses portées de chaque côté de la tête par les hommes.

Pessa'h : *Mot. d'or. Juda.* Pâque juive.

Pessah' : *Mot d'or. Juda.* Sortie d'Egypte.

Pharaon : *Nom d'or. Bibl.* Titre traditionnel des rois de l'ancienne Egypte. Le Nouveau Testament fait allusion au Pharaon contemporain de Joseph (Act 7.10, 13 ; voir Gen 38 ; 41-42 ; 45) et à celui du temps de Moïse (Act 7.21 ; Rom 9.17 ; voir Ex 2-14).

Pharisiens : *Nom d'or. Bibl.* Membres d'un parti religieux du judaïsme, les *Pharisiens* pratiquaient une obéissance stricte à la loi de Moise et aux règlements que la tradition avait ajoutés au cours des siècles.

Pidyon habèn : *Mot d'or. Juda.* Rachat du premier-né.

Pilate : *Nom d'or. Bibl. Pilate* ou *Ponce Pilate*, fut Gouverneur Romain de la Judée, de la Samarie et de l'Idumée, de 26 à 36 après J.C. 5Luc 3.1 ; Act 3.13).

Pirkè Avot : *Mot d'or. Juda.* Maximes des Pères.

Plan(le) : *Mot d'or. Bibl.* 1. L'amour est une réalité extrêmement diversifiée. Il existe même chez les animaux sous la forme de désirs instinctifs, auxquels l'accoutumance peut engendrer une étonnante fidélité ! Le même verbe qui désigne l'attraction qu'exercent certains objets, voire de simples aliments, est utilisé pour qualifier une relation intime et durable entre deux personnes bien au-delà de l'attirance physique. On parle même d' « aimer » Dieu, un être invisible, éloigné de nos sens, absent de nos rencontres quotidiennes ! 2. Face à ce décalage entre le langage de l'amour et le mystère de Dieu, la diversité du vocabulaire est un atout. Encore faut-il bien le maîtriser et l'employer de manière opportune. 3. C'est ce que nous ferons maintenant, tout en nous limitant au vocabulaire concernant la miséricorde. Il nous faut dans un premier temps mentionner le vocabulaire concernant une relation d'amour fondée sur les mérites, ou les qualités humaines, ou les raisons sociales positives. Puis nous aborderons cette forme de l'amour qui se porte vers une personne en manque de valeurs, la miséricorde.

Pleurer comme une Madeleine : *Exp. d'or. Bibl. "Il a vraiment du chagrin, regardez-le pleurer comme une Madeleine".* Marie-Madeleine est la fille de mauvaise vie, repentie, qui, avec ses larmes, lave les pieds de Jésus et les parfume avec un parfum de très grand prix. "Et voici une femme qui, dans la ville, était une pécheresse. Ayant appris qu'il était à table dans la maison du Pharisien, elle avait apporté un vase de parfum. Et se plaçant par derrière, à ses pieds, tout en pleurs, elle se mit à arroser les pieds de ses larmes; et elle les essuyait avec ses cheveux, les couvrait de baisers, les oignait de parfum" *(Luc 7, 36-38).* Pleurer comme une *Madeleine* ; c'est verser beaucoup de larmes dans une situation très douloureuse.

Pogrom : *Mot. d'or. Juda.* Violence menée par les populations locales contre les communautés juives d'Europe de l'Est.

Porter sa croix : *Exp. d'or. Bibl. "Cette femme a eu bien des misères et personne ne l'a aidé à porter sa croix".* Avant d'être cloué sur la croix au sommet du Golgotha, Jésus, aidé par Simon de Cyrène, *(Mathieu 27, 32-36)* a porté cette croix, en tombant plusieurs fois, comme nous le rappellent les stations des chemins de croix de nos églises. Et au long de sa vie publique, Jésus invite ses vrais disciples à supporter les épreuves qu'ils auront en son nom, à cause de lui *(Matthieu 10, 38 et 16, 24).* Aujourd'hui, on utilise cette expression pour signifier qu'on endure une épreuve qu'on ne peut partager avec autrui.

Pourim : *Mot d'or. Juda.* Sauvetage des Juifs de Perse.

Pourim : *Nom d'or. Juda.* Fête commémorant la délivrance des Juifs du complot mené par Haman, un vizir perse qui avait planifié leur extermination.

Préparation (jour de la) : *Mot d'or. Bibl.* Le sixième jour de la semaine, au cours duquel les Juifs effectuaient les *préparatifs* nécessaires à l'observance du jour suivant, le sabbat.

Prêtre : *Nom d'or. Bibl.* 1. Le Nouveau Testament mentionne des *prêtres païens* (Act 14.13) et des *prêtres juifs* (Luc 1.5 ; Jean 1.19). Ces derniers qui avaient à leur tête le *grand-prêtre*, officiaient exclusivement à Jérusalem. 2. La lettre aux Hébreux présente Jésus comme le Suprême et dernier *Grand-Prêtre* (Hébr 4.14, etc.). Les chrétiens sont parfois présentés eux aussi comme remplissant une fonction des *prêtres* (1 Pi 2.5, 9 ; Apoc 1.6 ; 5.10 ; 20.6).

Prophète (le) : *Nom d'or. Bibl.* Personnage à venir, promis par Moïse (Deut 18.15, 18) et dont on pensait qu'il viendrait annoncer l'arrivée imminente du Messie (Jean 1.21). Voir *Elie*.

Prophète : *Mot d'or. Musul.* Nabī *(prophète)* نبي, pl. anbiyā' أنْبياء : *prophète* ; voir aussi *Messager.*

Prophète, prophétie, prophétiser : *Nom-mot d'or. Bibl.* 1. Dans la Bible, le *prophète* est avant tout quelqu'un qui se présente comme *porte parole* de Dieu. 2. Le message de certains de ces *prophètes* a été conservé dans les livres Bibliques qui portent leur nom (Esaïe, Jérémie, etc.). 3. Dans le Nouveau Testament, le titre de *prophète* est attribué à Jean-Baptiste, à Jésus ou à des membres de l'Eglise, qui parlaient sous l'influence de l'Esprit de Dieu pour exhorter ou apporter une révélation. 3. Les livres bibliques distinguent entre les *prophètes* qui prétendent – manière mensongère – apporter un message de la part de Dieu et les *prophètes* réellement envoyés par Dieu.

Pur, pureté, purifier, purification : *Mot d'or. Bibl.* 1. Dans la religion juive, il était nécessaire d'être en état de *pureté* pour demeurer en communion avec Dieu et pouvoir, par exemple, participer au culte. 2. On devenait *impur,* au point de vue rituel, en mangeant certains aliments, en touchant certains objets ou en contractant certaines maladies et, au point de vue moral, en s'écartant des commandements de Dieu. 3. On pouvait *purifier* des personnes, des lieux ou des objets en pratiquant les rites de *purifications* prévus à cet effet (voir, par exemple, Lév 12.6-8 ; 14.1-32).

Qadarite : *Mot d'or. Musul.* qadarīy *(fataliste)* قدريّ : Le mot qadarite (qadarîy) est pris par antiphrase. Il signifie *fataliste* mais doit être compris comme partisan du *libre arbitre.* Le qadarisme (Al-) est apparu dès le VIIe siècle proclamant le libre arbitre et considérant que chaque croyant est responsable de ses actes.

Qaddûs : *Nom d'or. Musul.* Qaddūs *(très saint)* قدّوس : Al-Qaddûs est l'un des 99 ***attributs de Dieu.***

Qadhâ' wa l-Qadr : *Mot d'or. Musul.* al-qaḍā' wa l-qadr *(la fatalité)* القضاء و القدر : la volonté de Dieu.

Qadi : *Nom d'or. Musul.* Qāḍi *(qâdi, qadi)* قاض : juge des affaires civiles.

Qadr : *Mot d'or. Musul.* Qadr *(destinée)* قدر : dose ; mesure ; décret divin. C'est la volonté divine telle qu'elle existe avant même la création.

Qalam : *Nomd'or. Musul.* Qalam *(calame)* قلم *grec:* kalamos καλαμος : calame ; crayon ; stylo. Instrument d'écriture, il est le symbole de la révélation « écrite » du Coran. C'est d'un point de vue ésotérique l'équivalent du « Verbe » de l'*Évangile de Jean.* C'est le principe créateur dont tout émane.

Qasas : *Mot d'or. Musul.* Qaṣaṣ *(récit)* قصص : récit ; histoire; narration; relation.

Qibla : *Mot d'or. Musul.* Qibla *(direction; sud)* قبلة : direction de *La Mecque* pour la prière.

Qirâ'ât : *Mot d'or. Musul.* Qira'ât-al-qur'an *(récitation du Coran)* قراءة القرآن الكريم : méthodes de récitation du Coran. Il existe plusieurs écoles, ayant chacune leur méthode de récitation du Coran, *qirâ'at.* (À distinguer du tajwid qui désigne les règles de prononciation).

Qisâs : Qisās *(talion)* قصاص : *talion* ; compensation ; punition.

Qîyâma : *Mot d'or. Musul.* Qīyāma *(résurrection)* قيامة : résurrection ; jour du jugement.

Qiyas : *Mot d'or. Musul.* Qiyās *(qiyâs)* قِيَاس : *analogie,* raisonnement juridique ou religieux fondé sur l'analogie avec les règles déjà connues.

Qudsî : *Mot d'or. Musul.* Qudsīy *(sacré)* قدسيّ : Les hadiths sacrés (*qudsî*) sont considérés comme rapportant la parole divine et non celle du prophète.

Qur'ân : *Mot d'or. Musul.* Voir *Coran*.

Quraychite :
Qurašīy *(quraychite)* قرشيّ : Membre de la tribu du prophète *Mahomet* dont l'éponyme *Quraych* est né quatre générations avant le prophète.

Rabb : *Mot d'or. Musul.* Rabb *(maître)* ربّ : maître ; seigneur ; Dieu. *Ar-Rabb* est l'un des 99 *attributs de Dieu.*

Rabbin : *Nom d'or. Juda.* 1. Ministre du culte. 2. chef religieux d''une communauté juive.

Rabî'a al-Awal : *Mot d'or. Musul.* Rabīʿa al-ʾawal *(le premier (mois) du printemps)* ربيع الأول : nom du troisième mois du *calendrier musulman.*

Rabi'a ath-Thani : *Mot d'or. Musul.* Rabīʿa aṯ-ṯānī *(le second (mois) du printemps)* ربيع الثاني : nom du quatrième mois du *calendrier musulman.*

Râbita : *Mot d'or. Musul.* Rābiṭa *(communauté)* رابِطة : communauté *soufie* de *(marabouts).*

Rachar' : *Mot d'or. Juda.* Impie.

Rachel : *Nom d'or. Juda.* Femme de Yaakov.

Rachîd : *Mot d'or. Musul.* Rašīd *(bien dirigé)* رشيد pl. rāšidūn راشدون : raisonnable ; orthodoxe; bien dirigé.

Rahîm :
Raḥīm *(miséricordieux)* الرحيم : *Ar-Rahîm* est l'un des 99 attributs de Dieu.

Rahmân : *Mot d'or. Musul.* Raḥmān *(clément)* الرحمن : *Ar-Rahmân* est l'un des 99 *attributs de Dieu.*

Ra'i ou **Ra'y** : *Mot d'or. Musul.* Raʾy, raʾi (*vue*) رأي, opinion personnelle du juge.

Rajab : *Mot d'or. Musul.* Rajab *(respecté ; vénérable)* رجب : nom du septième mois du *calendrier musulman.* C'est l'un des quatre mois sacrés.

Rajm : *Mot d'or. Musul.* Rajm *(lapidation)* رجم : caillassage : lapidation.

Rak'a : *Mot d'or. Musul.* Rakʿa *(prosternation)* ركعة, pl. rakaʿāt ركعات : unité de base de la prière canonique *(Salat)* ; chacune des prières quotidiennes est constituée d'un nombre déterminé de prosternations.

Ramadan : *Mot d'or. Musul.* Ramaḍān *((le mois du soleil)* *brûlant)* رمضان *ramaḍān)* : nom du neuvième mois du *calendrier musulman.* Ce mois qui rappelle le début de la révélation du *Coran* faite à *Mahomet,* est marqué par le *jeûne.*

Rambam : *Mot d'or. Juda.* Maïmonide.

Rasûl : voir *Messager.*

Rav : *Nom d'or. Juda.* Rabbin.

Réchout harabim : *Mot d'or. Juda.* Domaine public.

Réchout Haya'hid : *Mot d'or. Juda.* Domaine privé.

Remettre les dettes : *Expr. d'or. Bibl.* 1. La tradition juive, en particulier celle qui s'exprime en langue araméenne, avait depuis longtemps rapproché la notion de péché de celle de dette au point que, dans de nombreux textes, le verbe araméen ***ḥôb*** signifiait tout simplement aussi bien "être redevable d'une dette" et "être coupable d'une faute". Matthieu aura préféré le premier sens et Luc le second. Les auditeurs de Jésus comprenaient donc spontanément que demander à Dieu de « remettre nos dettes » signifiait lui demander de « pardonner nos péchés ». 2. On trouve la même identification dans un passage d'une lettre de saint Polycarpe, ainsi que le rapprochement entre ***remettre*** et ***pardonner*** : Nous savons « que tous nous sommes débiteurs (***opheiletai***) du péché (***hamartias***). Si donc nous prions le Seigneur de nous pardonner (***hina hèmin aphèi***), nous devons nous aussi pardonner (***aphienai***) ».

Remettre une faute : *Expr. d'or. Bibl.* L'expression qui désigne directement le pardon est : *aphiènai tas amartias*, qui signifie *"enlever les péchés".* On la trouve souvent, comme en Mc 2, 5 ; Jn 20, 23 ; Rm 4, 7 (citation littérale de Ps 31, 1).

Réphan : *Nom d'or. Bibl.* Nom d'un ancien dieu que l'on adorait en tant que maître de la planète Saturne.

Ressusciter, résurrection : *Mot d'or. Bibl. Ressusciter,* c'est passer de la mort à la vie, ou, au sens actif, faire passer quelqu'un de la mort à la vie. Ce passage de la mort à la vie est appelé *résurrection.* Pour exprimer cette idée, le Nouveau Testament utilise volontiers deux verbes signifiant respectivement *(se) relever* et *(se) réveiller.*

Révyit : *Mot d'or. Juda.* 28 cl. Quantité à partir laquelle il faut faire les bénédictions alimentaires.

Rîba : *Mot d'or. Musul.* Rība *(doute)* ريبة : doute ; soupçon ; le doute est une maladie qui ronge le cœur.

Ribh : Ribḥ *(intérêt)* ربح pl. 'arbāḥ أرباح: le prêt avec intérêts usuraires est prohibé par le *Coran.*

Ridda : *Mot d'or. Musul.* Ridda *(apostasie)* ردّة : apostasie ; abjuration.

Rifâda : *Mot d'or. Musul.* Rifāda *(aide)* رفادة : assistance ; charge honorifique à La Mecque, consistant à assurer l'approvisionnement en nourriture des pèlerins.

Risâla : *Mot d'or. Musul.* Risāla *(message)* رسالة : message ; mission; apostolat. C'est le message apporté par le *Messager* (Rasûl).

Rivka : *Nom d'or. Juda.* Femme d'Isaac.

Roch 'hodèch : *Mot d'or. Juda.* Début du mois.

Roch Hachana : *Mot. d'or. Juda.* Nouvel An du *calendrier hébraïque.*

Roch hachana : *Mot d'or. Juda.* Nouvel an.

Rosh Hodesh : *Mot. d'or. Juda.* Premier jour de chaque mois du *calendrier hébraïque.*

Royaume de Dieu, royaume des cieux : *Expr. d'or. Bibl.* 1. L'Ancien Testament considère Dieu comme le seul vrai roi, non seulement d'Israël (1 Sam 8.7), mais de l'univers entier (Ps 93 ; 96.10 ; 97 ; 99). Il attend et espère le jour où cette royauté sera enfin définitivement manifestée (Abd 21 ; Dan 2.44). 2. L'expression le *Royaume de Dieu* est cependant propre au Nouveau Testament. Dans l'enseignement de Jésus, le Royaume de Dieu occupe une place centrale l'expression n'est jamais définie, mais elle se réfère à un monde nouveau, inconnu des humains. Ce monde nouveau de Dieu est présenté tantôt comme une réalité *à venir* (Marc 9.1 ; Luc 22.30 ; voir aussi 1 Cor 6.9-10 ; 15.50). 3. L'expression synonyme le Royaume des cieux est propre à Matthieu, qui suit un usage juif évitant d'avoir à prononcer le nom de Dieu.

Rûh : *Mot d'or. Musul.* Rūḥ *(esprit)* روح : esprit, souffle, essence ; âme. C'est le souffle divin qui donne vie à *Adam*.

Rukn : *Mot d'or. Musul.* Rukn *(pilier)* ركن pl. 'arkān أركان : pilier ; appui ; colonne ; principe de base ; principe élémentaire. Par exemple les *piliers de l'islam.*

Ruku' : *Mot d'or. Musul.* Rukū' *(prosternement)* ركوع : mot proche de *Rak'a.*

Ruth : *Mot d'or. Juda.* Convertie exemplaire.

Sabbat : *Nom d'or. Bibl.* Le *Sabbat* est le septième jour de la semaine israélite, c'est-à-dire, le samedi. Pendant ce jour consacré à Dieu, tout travail est interdit (Ex 20.8-11).

Sabr : *Mot d'or. Musul.* ṣabr *(patience)* صبر : maîtrise de soi ; endurance.

Sacrifice, sacrifier : *Expr. d'or. Bibl.* 1. Dans la religion de l'ancien Proche-Orient, on pratiquait le sacrifice en offrant aux divinités des produits des champs, des animaux et parfois même des êtres humains (2 Rois 16.3). 2. L'Israël Biblique offrait lui aussi des sacrifices à son Dieu. A côté d'offrandes végétales (farine, huile, vin, nomb 15.4-5) ou de parfum (Ex 30.7-8), l'Ancien Testament mentionnes plusieurs types de sacrifices d'animaux : sacrifices *complets* ou *entièrement consumés* (Lév 1), sacrifices de communion (Lév 3), sacrifice pour obtenir le pardon des péchés (Lév 4-5), etc. Mais il interdit sévèrement les sacrifices humains (Lév 20.2-5). 3. Le Nouveau Testament reprend les réserves des prophètes à l'égard des sacrifices d'animaux (Matt 9.13) ; 12.7) au profit d'un amour authentique (Marc 12.33), de l'offrande de soi-même (Rom 12.1), de la louange (Hébr 13.16). La lettre aux Hébreux comprend la mort du Christ comme le sacrifice ultime, définitif et parfait (9.26).

Sadâq : *Mot d'or. Musul.* Ṣadāq *(douaire)* صداق : dot ; douaire. Dot donnée par le futur mari à son épouse. En principe cette dot doit rester la propriété exclusive de l'épouse.

Sadaqa : *Mot d'or. Musul.* Ṣadaqa *(aumône)* صدقة : aumône ; aumône volontaire en opposition avec l'*aumone légale (Zakâ).*

Sadducéens : *Nom d'or. Bibl.* Formant, au temps de Jésus un parti religieux, les *Sadducéens* se recrutaient principalement parmi les prêtres ; ils étaient peu nombreux, mais influents. Bien que leur enseignement différé sur plus d'un point de celui des pharisiens, les évangiles les nomment souvent à côté de ceux-ci parmi les adversaires de Jésus.

Safar : *Mot d'or. Musul.* Ṣafar صفر : nom du deuxième mois du *calendrier musulman.*

Sahâba : *Mot d'or. Musul.* ṣaḥāba *(compagnons)* صحابة, sing. ṣaḥābīy *(sahâbîy)* صحابي, fem. Ṣaḥābīya *(sahâbîya)* صحابية, désigne les compagnons des *Mahomet.*

Sahîh : *Adj. d'or. Musul.* Ṣaḥīḥ *(authentique)* صحيح : authentique; vrai. Employé comme nom pour désigner les recueils de *hadiths* de *Bukhari* et de *Muslim.* Employé comme adjectif cela qualifie ces recueils.

Sahûr : *Mot d'or. Musul.* Saḥūr *(petit déjeuner)* سحور : repas pris avant le lever du soleil pendant le *jeûne* du mois de *Ramadan*.

Salâ : *Mot d'or. Musul.* Ṣalā *(prière (canonique))* صلاة pl.
ṣalāt *(salât)* صلات : la prière / les prières, l'un des cinq *piliers de l'islam.*

Salafisme : *Mot d'or. Musul.* salafīya *(salafisme)* سلفيّة, maḏāhab as-salaf *(la doctrine de l'islam originel)* مذاهب السلف, as-salaf aṣ-ṣaliḥ *(les pieux anciens)* السلف الصلح, : doctrine faisant référence aux trois premières générations de l'islam, réputées être de parfaits modèles.

Salâm : *Mot d'or. Musul.* Salām *(paix)* سلام : le mot arabe *paix* partage une racine commune (SLM) avec *Islam*, ʾislām *(islam)* إسلام : « soumission ».

Sallâ Allâhu ʿalayhi wa salam : *Mot d'or. Musul.* ṣallā-llāhu ʿalayhi wa sallam صلى الله عليه و سلم ou ﷺ : « que la paix et la prière (bénédiction) d'Allah soient sur lui », *eulogie* saluant le nom de *Mahomet.*

Salomon : *Nom d'or. Juda. Relig.* 3ème roi d'Israël.

Salsabîl : *Mot d'or. Musul.* Salsabīl *()* سلسبيل : Nom d'une source du *paradis.*

Salut / Sauvé : *Mot d'or. Bibl.* 1. Terme biblique de l'Ancien et du Nouveau Testament, le salut est le cadeau gratuit que Dieu nous offre en Jésus-Christ pour nous pardonner notre péché et avoir la possibilité de retrouver une relation personnelle avec lui. 2. L'homme, ayant en lui-même le péché (le principe du mal), condamné à en subir les conséquences (souffrance dans sa vie ; séparation éternelle d'avec Dieu ; mort), a besoin d'être sauvé par un Sauveur divin. En effet, le mal en nous nous empêche d'expérimenter la présence divine car Dieu est pur, sans mal. Il ne cohabite pas avec le péché. Nous ne pouvons pas racheter nos fautes ou enlever le péché de nous. Ce n'est seulement que si Dieu nous fait grâce, c'est-à-dire vient vers nous sans tenir compte de notre péché, que nous avons une chance de retrouver une relation d'intimité et d'amour avec notre Créateur.3. Le salut que Dieu offre est donc totalement différent d'une morale religieuse à suivre pour « gagner le paradis ». Il ne faut pas faire d'actions particulières, ni s'améliorer soi-même pour entrer en communion avec Dieu. Le salut est offert à chacun(e) mais s'obtient par la foi. En Jésus-Christ, Dieu nous offre ce cadeau, cette grâce (Eph. 2:8-9). Annoncé dans l'Ancien Testament, Jésus est le Sauveur du monde qui, en mourant à notre place, a pris sur lui les conséquences de notre péché. Il nous offre ainsi le pardon de Dieu par rapport à nos fautes. Par sa résurrection et l'envoi du Saint-Esprit, il nous permet de retrouver une relation d'intimité avec Dieu et nous donne l'assurance du salut éternel (la vie après la mort, en présence de Dieu et en absence de tout mal ; voir : paradis). Voici comment être sauvé : – en reconnaissant notre péché et en demandant pardon à Dieu, – en ayant confiance en ce que Jésus a fait pour nous et en le remerciant pour son sacrifice, – en rendant publique notre décision de vivre avec Dieu (suivre son commandement d'aimer les autres et entretenir avec Dieu une relation de communion). Le salut correspond à une nouvelle naissance.

Samaritain : *Nom d'or. Bibl.* Habitant de la Samarie, région située entre la Judée et la Galilée. Les Juifs et *Samaritains* étaient ennemis pour des raisons d'ordre historique (2 Rois 17.24-41) et surtout religieux.

Sanctuaire : *Expr. d'or. Bibl.* Les deux expressions hébraïques traduites par *sanctuaire* désignent un emplacement sacré réservé à Dieu. Dans des nombreux cas, il s'agit du temple de Jérusalem, que les israélites considéraient comme la résidence de Dieu sur terre. Parfois, il s'agit de la demeure céleste de Dieu (Ps 102.20). A un sens plus restreint, le *Sanctuaire* est le bâtiment central du temple de Jérusalem où les prêtres seuls étaient autorisés à entrer.

Saoum / Sawm : *Mot d'or. Musul.* Ṣawm *(jeûne)* صَوْم : le jeûne: cela peut être le jeûne du mois de *Ramadan,* l'un des cinq *piliers de l'islam* ou le jeune surérogatoire survenant à d'autres occasions (jeûner tous les lundis et jeudis par exemple).

Saqar : *Mot d'or. Musul.* Saqar *(feu ardent)* سقر : Un des multiples noms de l'enfer dans le Coran.

Sarah : *Nom d'or. Juda. Relig.* Femme d'Abraham.

Satan : *Mot d'or. Musul.* Šayṭān *(démon)* شيطان : démon ; (un) satan ; *Iblîs.* Utilisé comme nom commun et au pluriel : *les satans*.

Satan : *Nom d'or. Bibl.* A l' origine nom commun désignant en hébreu, l'accusateur auprès d'un tribunal (voir Zach 3.1-2 ; Ps 109.6 : Job 1.6). A la suite du Judaïsme, le Nouveau Testament l'a adopté comme nom propre pour désigner le diable.

Saül : *Nom d'or. Juda. Relig.* 1er roi d'Israël.

Sauterelles : *Nom d'or. Bibl.* Insectes aillés se déplaçant parfois en troupes innombrables. Lorsqu'ils s'abattent sur une région, ils y dévorent toute la végétation, herbe, cultures et feuilles des arbres.

Sayyid : *Mot d'or. Musul.* sayyid *(sayid, sayyid)* سيِّد : seigneur. Titre utilisé pour les descendants de *Mahomet.*

Sceau : *Nom d'or. Bibl.* Marque personnelle que l'on imprimait dans la cire dont on se servait pour fermer un livre en forme de rouleau.

Schébat : *Mot. d'or. Juda.* Cinquième mois du *calendrier hébreu.*

Scorpion : *Nom d'or. Bibl.* Petit animal dont la longue queue comporte à son extrémité un aiguillon empoisonné. Il peut causer des blessures très douloureuses et parfois mortelles.

Sé'ouda mafsèkèt : *Mot d'or. Juda.* Dernier repas avant Kippour.

Sé'ouda : *Mot d'or. Juda.* Repas.

Sé'oudat sïoum : *Mot d'or. Juda.* Repas après Kippour.

Sèdèr : *Mot d'or. Juda.* Ordre du rituel de Pessah.

Séder : *Mot. d'or. Juda.* Repas rituel pris les deux premiers soirs de la fête de *Pessa'h.*

Séfarade : *Mot. d'or. Juda.* Branche du peuple juif qui suit le *judaïsme* liturgique espagnol et portugais.

Sefer Torah : *Mot. d'or. Juda.* Rouleau de Torah.

Seigneur : *Nom d'or. Bibl.* Equivalent conventionnel du nom propre de Dieu dans l'Ancien Testament. Pour plus de précisions se reporter à Ex 3.15 et la note. Le Nouveau Testament applique ce titre à Jésus ressuscité (Act 2.36), l'évangile de Luc l'utilisant par anticipation pour désigner Jésus dans son ministère terrestre (Luc 10.1, etc.). Jésus-Christ est le Seigneur (Phil 2.11) et sans doute la plus ancienne confession de foi chrétienne.

Séli'hot : *Mot d'or. Juda.* Demandes de pardon du mois d'Eloul.

Shamash (yid. *shames*) : *Mot. d'or. Juda.* Bedeau de la synagogue.

Shabbat : jour de repos consacré à Dieu (du vendredi au samedi soir).

Shehita : Abattage rituel, réalisé par un *shohet,* consistant à abattre les bêtes de façon qu'elles soient *cachères.*

Shiksa : *Mot. d'or. Juda.* Femme non-juive fiancée ou mariée à un homme juif.

Shophar : *Mot. d'or. Juda.* Corne de bélier destinée à annoncer la fin du *jeûne.*

Shoul, (yid.) : *Mot. d'or. Juda.* « Ecole », désignation *yiddish* de la synagogue.

Shtetl, (yid.) : *Nom. d'or. Juda.* « Petite ville » ou « village », lieu de peuplement à majorité juive en *Europe de l'Est*.

Shu`ûbiya : *Mot d'or. Musul.* Šuʿūbiya *(internationalisme)* شعوبية : désigne le mouvement de résistance à la domination des arabes dans le monde musulman en particulier en *Iran* et en *Al-Andalous* pendant la période *abbasside*.

Sidour : *Mot d'or. Juda.* Livre de prières de la semaine.

Sim'hat Torah : *Mot d'or. Juda.* Fête finale de Souccot.

Sion : *Nom d'or. Bibl.* 1. A l' origine *Sion* désignait la plus ancienne partie de Jérusalem (voir *Cité de David*). 2. Ultérieurement, le terme a désigné un espace plus vaste englobant le temple, considéré comme la demeure de Dieu et même toute la ville de Jérusalem.

Sionisme : *Mot. d'or. Juda.* Mouvement politique affirmant le droit à l'existence d'un État juif.

Sîra : *Mot d'or. Musul.* Sīra *(sîra, biographie)* سيرة : nom des *biographies* de *Mahomet*.

Sirât al-Mustaqîm: *Mot d'or. Musul.* Aṣ-ṣirāṭ al-mustaqīm *(le chemin des élus)* الصراط المستقيم : chemin droit. Expression que l'on retrouve fréquemment dans le Coran. C'est alors le chemin à suivre.

Sivan : *Mot. d'or. Juda.* Neuvième mois du *calendrier hébreu.*

Siwâk : *Mot d'or. Musul.* Siwāk *(cure-dent)* سواك : cure-dent naturel dont l'utilisation est recommandée dans les hadiths.

Sodome : *Nom d'or. Bibl.* Ville proche de la mer Morte, que Dieu détruisit, ainsi que Gomorrhe, la ville voisine, en raison de la grande méchanceté de leurs habitants (Gen 19.24-28).

Souccot : *Mot d'or. Juda.* Fête des cabanes.

Souccot : *Mot. d'or. Juda.* Fête des cabanes ou des tabernacles.

Soufî : *Mot d'or. Musul.* Ṣūfī *(soufî, soufisme)* صوفي : courant mystique de l'*islam* (littéralement : « laine » de la cape portée par les soufis) ;

Soufre : *Mot d'or. Bibl.* Subsistance jaune qui brule en produisant une odeur désagréable.

Soukka : *Mot. d'or. Juda.* Cabane construite dans le jardin pour passer la fête de *Souccot*.

Sourate : *Mot d'or. Musul.* Sūra *(sourate)* سورة : ce qui est rangé ; chapitre du Coran.

Stoïciens : *Nom d'or. Bibl.* Partisans de la doctrine du philosophe Zénon (mort en 265 avant J.C.) qui enseignait que le bonheur réside dans le fait d'être libre aussi bien à l'égard du plaisir que de la douleur.

Subhan Allâh : *Expr. d'or. Musul.* Subḥan allāh *(gloire à Allah)* سبحان الله : expression d'admiration ou de surprise.

Subhanahu ta'âlâ : *Mot d'or. Musul.* Subḥanahu ta'ālā *(Allah soit loué)* سبحانه تعالى ; dans les textes religieux musulmans, écrits ou oraux, cette *eulogie* suit le mot *Allâh.*

Sujud : *Mot d'or. Musul.* Soujoud, sajda ou sajdah est la prosternation devant Allah.

Sunna : *Mot d'or. Musul.* Sunna *(sunna)* سنّة : ensemble des faits, gestes et paroles prophétiques en islam rapportés par ses compagnons.

Sunnisme : *Mot d'or. Musul.* Sunnīy *(sunnite, sunnisme)* سنّي : « l'exemple » ; courant sunnite, majoritaire dans l'islam.

Sympathie : *Mot d'or. Bibl.* 1. L'adjectif ***sympathès*** signifie : "qui prend sa part de la souffrance d'autrui, qui éprouve de la compassion ; qui éprouve les mêmes sentiments" (1 P 3, 8). 2. On trouve aussi le verbe dans la Lettre aux Hébreux : « Nous n'avons pas un grand prêtre impuissant à compatir (***sumpathèsai***) à nos faiblesses, lui qui a été éprouvé en tout, d'une manière semblable, à l'exception du péché » (4, 15) ; « Vous avez compati (***sympathèsate***) aux prisonniers ; vous avez accepté avec joie la spoliation de vos biens, sachant que vous étiez en possession d'une richesse meilleure et stable » (10, 34).

Synagogue : *Nom d'or. Bibl.* Edifice dans lequel les Juifs se réunissent pour le culte et pour l'enseignement religieux. Il n'y avait qu'un seul temple, à Jérusalem (où étaient offerts les sacrifices), mais on trouvait des *synagogues* dans chaque ville, même à Jérusalem, et dans les agglomérations importantes du pays (Marc 1.21).

Synagogue : *Nom d'or. Juda.* Lieu du culte juif.

Ta'anit : *Mot d'or. Juda.* Jeûne rabbinique.

Ta'hanounim : *Mot d'or. Juda.* Supplications des jours de la semaine.

Taanit : *Mot. d'or. Juda.* Jeûne dans le judaïsme.

Ta'awwudh : *Mot d'or. Musul.* Taʿawwuḏ *(invocation)* تعوذ est une *invocation* qui demande la protection de Dieu contre *Satan.*

Tabaʿīn : *Mot d'or. Musul.* Tābaʿīn *(successeurs)* تابعين : successeurs (des *Sahaba)* ; ceux qui suivent. Désigne les premiers *musulmans* nés après la mort de *Mahomet.*

Tachkîl : *Mot d'or. Musul.* Taškīl *(vocalisation)* تشكيل : vocalisation d'un texte en y ajoutant les voyelles brèves.

Tachlikh : *Mot d'or. Juda.* Rejet des fautes à Roch hachana.

Tafsir : *Nom d'or. Musul.* Tafsīr *(exégèse)* تفسير : exégèse, notamment du *Coran.*

Tâghoût : *Nom d'or. Musul.* Ṭāġūt *(idole)* طاغوت : Nom d'une idole préislamique ; démon de la rébellion ; idole; faux dieu.

Tahajjada : *Mot d'or. Musul.* Tahajjada *(prière nocturne)* تهجّد : prière nocturne surérogatoire. Il est recommandé de passer jusqu'aux deux tiers de la nuit en prière.

Tahâra : *Mot d'or. Musul.* Ṭahāra *(purification)* طهارة : Au sens profane : hygiène, purification, asepsie. Au sens religieux : faire ses ablutions rituelles.

Taharat hamichpa'ha : *Mot d'or. Juda.* Abstinence mensuelle du couple.

Tâhir : *Mot d'or. Musul.* Ṭāhir *(pur)* طاهر fem. Ṭāhira طاهرة : pur ; limpide ; pour une femme, ne pas avoir ses règles/

Tahor : *Mot d'or. Juda.* Pur.

Tahrîf, taḥrīf *(falsification)* تحريف : Dans le Coran, juifs et chrétiens sont accusés d'avoir falsifié la révélation divine, en particulier ils auraient effacé l'annonce de la venue de *Mahomet.*

Taïfa : *Mot d'or. Musul.* ṭā'ifa *(confrérie)* طائفة pl. ṭawā'if طوائف : communauté; secte; confrérie. À l'époque où *al-Andalus* se fractionnait en petits royaumes dits de *taïfas* rivaux les *Reyes de taifa.*

Tajdîd : *Mot d'or. Musul.* Tajdīd *(innovation)* تجديد : renouveau ; renouvellement ; mouvement de réforme.

Tajwid : *Mot d'or. Musul.* Tajwīd *(embellissement)* تجويد : embellissement, façon particulièrement appliquée de lire le Coran pour en tirer le plus de profit.

Takfîr : *Mot d'or. Musul.* Takfīr تكفير : l'acte d'accuser un musulman d'être un infidèle *(kâfir).*

Talâq : *Mot d'or. Musul.* Talāq *(répudiation)* طلاق : répudiation ; divorce.

Taleb : *Mot d'or. Musul.* Ṭalib *(étudiant)* طالب pl. ṭālibūn *(taliban)* طالبون : étudiant; candidat; demandeur; celui qui étudie afin d'obtenir une qualification.

Taliban : *Mot d'or. Musul.* Ṭālibūn *(talibans)* طالبون : Nom d'un mouvement *fondamentaliste afghan* , dans ce sens, la forme plurielle du mot arabe est la seule utilisée.

Talit : *Mot d'or. Juda.* Châle de prières.

Talit : *Mot. d'or. Juda.* Châle de prière dont le juif pratiquant s'enroule pour réciter la prière du matin.

Talmoud Torah : *Mot d'or. Juda.* Etude de la Torah.

Talmud : *Mot d'or. Juda.* Michna + Guémara.

Talmud : *Mot. d'or. Juda.* Compilation des discussions *rabbiniques* se rapportant à la *halakha.*

Tamè : *Mot d'or. Juda. Mot d'or. Juda.* Impur.

Tammouz : *Mot. d'or. Juda.* Dixième mois du *calendrier hébreu.*

Tanakh : *Mot d'or. Juda.* Torah, néviim, kétouvim.

Tanakh : *Mot. d'or. Juda.* Bible hébraïque.

Tanzîl : *Mot d'or. Musul.* Tanzīl *(révélation)* تنزيل : Révélation divine descendue sur *Mahomet.*

Taqiya : taqīya *(dissimulation)* تقية : le fait de dissimuler sa religion pour se prémunir de *persécutions religieuses* ;

Taqlid : *Mot d'or. Musul.* Taqlīd *(imitation)* تقليد : imitation, c'est-à-dire respect, sans les remettre en cause, des préceptes d'une jurisprudence.

Taqsîr : *Mot d'or. Musul.* Taqṣīr *(diminution)* تقصير : Rite qui marque la fin du pèlerinage à La Mecque, consistant pour les hommes à se couper les cheveux très court ou à se raser la crâne, pour les femmes à raccourcir la longueur des cheveux.

Tarâwîh : *Mot d'or. Musul.* Tarāwīḥ *((prière de) repos)* تراويح : qualifie les *prières* supplémentaires que l'on peut faire pendant les nuits du mois de *Ramadan.*

Tarèf : *Mot d'or. Juda.* Non Kasher.

Tariqa : *Mot d'or. Musul.* ṭarīqa *(confrérie)* طريقة : ; voie ; méthode ; procédé. Confrérie de mystiques *soufis.*

Tarkib : *Mot d'or. Musul.* Tarkīb *(grammaire)* تركيب : construction (d'une phrase par exemple) ; étude de la grammaire arabe à partir du Coran.

Tartîl : *Mot d'or. Musul.* Tartīl *(déclamation lente)* ترتيل : forme lente de *tajwîd* (récitation appliquée du Coran).

Tasawwuf : t *Mot d'or. Musul.* Aṣawwuf *(soufisme)* تصوّف : soufisme ; mysticisme.

Tasbih : *Mot d'or. Musul.* (تـ سـ بـ يح) forme de *dhikr* qui implique l'invocation répétée de courtes phrases qui glorifient Dieu.

Taslim : *Mot d'or. Musul.* Taslim *(salutation)* تسلم : salutation à la fin de la prière.

Tasnîm : *Mot d'or. Musul.* Tasnīm تسنيم : Nom d'une source du paradis.

Tawaf : *Mot d'or. Musul.* Ṭawāf *(circuit)* طواف : circumambulation autour de la *Kaaba.*

Tawassoul : *Mot d'or. Musul.* Tawwasul, *(imploration)* توسل : notion d'intercession de Dieu.

Tawhid : *Mot d'or. Musul.* Tawḥīd *(monothéisme)* توحيد : monothéisme, appel à l'unicité de l'existence d'Allah.

Tayammum : *Mot d'or. Musul.* Tayammum *(ablution sèche)* تيمّم : ablution faite avec du sable, ou de la pierre, en l'absence d'eau.

Tazîr : *Mot d'or. Musul.* Ta`zīr *(châtiment)* تعزير : Ce terme de droit signifie que la peine dépend des lois locales et de la juridiction. Il s'oppose à *hadd* qui signifie que la peine a été fixée par Dieu.

Té'hïat hamètim : *Mot d'or. Juda.* Résurrection des morts.

Tébeth : *Mot. d'or. Juda.* Quatrième mois du *calendrier hébreu.*

Téchouva : *Mot d'or. Juda.* Repentir.

Téfilat hadèrèkh : *Mot d'or. Juda.* Prière du voyage.

Téfiline : *Mot d'or. Juda.* Phylactères.

Téfiline : *Mot. d'or. Juda.* Boîtes en cuir contenant des morceaux de parchemin que les hommes portent sur la tête et sur le bras gauche pour l'office du matin.

Téhilim : *Mot d'or. Juda. Mot d Mot d'or. Juda.'or. Juda.* Psaumes.

Temple : *Nom d'or. Bibl.* Voir Sanctuaire.

Tente de la rencontre : *Nom d'or. Bibl.* A l'époque où les israélites vivaient encore au désert, la *tente de la rencontre* était le sanctuaire transportable du peuple d'Israël ; c'est là que Dieu donnait rendez-vous à Moise (Ex 33.7-11). Elle était considérée comme le lieu privilégié de la présence de Dieu au milieu de son peuple (Ex 29.42-46).

Tenue d'Adam (en) : *Exp. d'or. Bibl. "Les enfants se baignaient dans la mare voisine en tenue d'Adam". Genèse 2, 25* : " Or tous deux (Adam et Ève) étaient nus, l'homme et sa femme, et ils n'avaient pas honte l'un devant l'autre ". C'est un passage de ces premiers chapitres de la Genèse qui racontent la création de l'homme et de la femme. Le sens de cette expression est toujours le même que dans la Bible : être tout nu. On peut aussi ajouter l'expression issue de cette partie de la Genèse :"ne connaître quelqu'un ni d'*Adam* ni d'Ève".

Tèva : *Mot d'or. Juda.* Pupitre d'officiant.

Tévila : *Mot d'or. Juda.* Immersion d'une personne ou d'instruments de cuisine.

Tibère : *Nom d'or. Bibl.* Empereur romain de 14 à 37 après J.C. (Luc 3.1).

Tibériade : *Nom d'or. Bibl.* Autre nom du lac de Galilée (Jean 6.1 ; 21.1). La ville de Tibériade se trouvait sur la rive ouest du lac (Jean 6.23).

Tich'a béAv : *Mot d'or. Juda.* Date de la destruction du Temple.

Tichri : *Mot d'or. Juda.* 1er mois du calendrier hébraïque.

Tichri : *Mot. d'or. Juda.* Premier mois du *calendrier hébreu.*

Tisha Beav : *Mot. d'or. Juda.* Jour de jeûne et de deuil.

Toladot : *Mot d'or. Juda.* Travaux dérivés interdits Chabbat et jours de fêtes.

Torah : *Mot d'or. Juda.* Loi donnée au Sinaï.

Torah : *Mot. d'or. Juda.* Texte fondateur du judaïsme, composé de *cinq livres.*

Tou Bichvat : *Mot d'or. Juda.* Nouvel an des arbres.

Tout puissant : *Nom d'or. Bibl.* Dans l'Ancien Testament, tout puissant est l'équivalent traditionnel d'une appellation très ancienne de Dieu (chadda) dont on ignore en réalité la signification exacte. Nous avons rendu parfois ce même terme par le Dieu très Grand.
Toutefois, au moment de la mort, notre corps terrestre se décomposera, tandis que notre esprit retournera à Dieu. Ceux qui croient que Jésus est venu pour nous pardonner nos péchés et qui suivent ses directives dans leur vie, sont assurés que leur esprit ira au paradis avec Dieu après la mort. Ils recevront un *nouveau corps,* de nature spirituelle (donc non fait de chair et non mortel), et ainsi ils seront de nouveau une entité unifiée (1 Corinthiens 15:42-45). Les autres iront en enfer, où leur esprit sera tourmenté éternellement pour le mal qu'ils auront fait.

Trouver son chemin de Damas : *Exp. d'or. Bibl. "Il a hésité bien longtemps mais depuis qu'il a choisi ce métier, j'ai le sentiment qu'il a trouvé son chemin de Damas".* C'est dans le livre des *Actes des Apôtres (9, 1-9)* que nous pouvons lire cet épisode qui raconte la conversion de Saul sur le chemin de Damas. Alors qu'il se rend dans cette ville pour persécuter les chrétiens, il a une vision et se retrouve cloué au sol, aveugle. De là, Saul se convertit et devient Paul, l'apôtre des païens. Dans le langage courant, cette expression signifie que quelqu'un a trouvé sa voie.

Tsahal : *Mot d'or. Juda.* Armée de défense d'Israël.

Tsédaka : *Mot d'or. Juda.* Charité.

Tsion : *Mot. d'or. Juda.* (anc. *Sion*, le *tsade* n'ayant été que récemment affriquée), nom d'*une montagne* sur laquelle était bâtie une forteresse jébuséenne conquise par le *roi David,* désignant ensuite par métonymie *Jérusalem* (également personnifiée comme la *fille de Sion*), le temple de Salomon ou l'ensemble de la *Judée.*

Tsitsit : *Mot d'or. Juda.* Franges du Talit.

Tsitsit : *Mot. d'or. Juda.* Franges ou tresses façonnées au coin des vêtements, ou sur les bords du *talit.*

Tsni'out : *Mot d'or. Juda.* Pudeur.

Tsom : *Mot d'or. Juda.* Jeûne biblique.

Tubbaʿ : *Mot d'or. Musul.* Tubbaʿ تبّع : Nom d'un peuple *sabéen* du *Yémen.*

Tûfân : *Mot d'or. Musul.* Ṭūfān *(déluge)* طوفان : inondation ; foule ; déluge. Voir aussi *Karb.*

Tuwâ : *Mot d'or. Musul.* Ṭuwā طوى : Dans le Coran, c'est le nom de la vallée où se produit la scène du buisson ardent.

Umma : *Mot d'or. Musul.* Voir *Oumma.*

`Ulama : *Mot d'or. Musul.* Voir *Ouléma.*

**`Umra** : *Mot d'or. Musul.* Voir *`Oumra.*

`Urf : *Mot d'or. Musul.* Voir *'Ourf.*
Vayikra : *Nom d'or. Juda.* Lévitique.

Vidouï : *Mot d'or. Juda.* Confession.

Vieux comme Mathusalem : *Exp. d'or. Bibl. "Je connais cet homme depuis longtemps ; il est aussi vieux que Mathusalem". Genèse 5, 25-27* *Mathusalem* est un personnage des premiers chapitres de la Genèse et, nous dit la Bible, il mourut à 969 ans. Utiliser cette expression aujourd'hui pour quelqu'un, c'est vraiment signifier que la personne est très âgée. Et on peut penser que cette expression a de beaux jours devant elle puisqu'on vit de plus en plus vieux !!

Tour de Babel (c'est la) : *Exp. d'or. Bibl. "Ce hall d'aérogare est une véritable tour de Babel" (Genèse 11, 1-9)* nous raconte l'histoire de cette tour de *Babel.* Les hommes de Babylone ne parlaient auparavant qu'une seule langue et ne formaient qu'un seul peuple. Un jour leur vint à l'idée de construire une tour qui atteindrait les cieux par sa hauteur. On nomma cette tour la *"tour de Babel", " Babel "* signifiant *"porte du ciel".* Mais Dieu, les trouvant trop orgueilleux, les punit en leur faisant parler des langues différentes, si bien que les hommes ne se comprenaient plus. Ils furent alors contraints d'abandonner leur entreprise et se dispersèrent sur la Terre, formant ainsi des peuples étrangers les uns des autres. Cette expression est utilisée pour parler d'un lieu où règnent le brouhaha et la confusion.

Vœu : *Mot d'or. Bibl.* Déclaration solennelle ou engagement librement consenti. Celui qui formulait un *vœu*, le faisait généralement en demandant à Dieu de le punir si la déclaration n'était pas vraie ou si l'engagement n'était pas tenu.

Wadd : *Mot d'or. Musul.* Wadd *(amour)* وَدّ : Wadd est une divinité préislamique de l'amour et de l'amitié. Divinité de la tribu arabe des *Banû Kalb* (chiens?).

Wahdaniya Allah : *Mot d'or. Musul.* Waḥdānīya allah *(unicité de Dieu)* وحدانيّة اللهِ : unicité de Dieu doctrine orthodoxe.

Wahdat al-Wujud : *Mot d'or. Musul.* Waḥda al wuğūd *(wahda al-wujûd)* وِحدَةُ الوُجُودِ : unicité de la création attestant l'unicité de Dieu, doctrine *soufie* développée par *Ibn 'Arabî.*

Wahhabite / wahhabisme : *Mot d'or. Musul.* Wahhābīy *(généreux)* وهابيّ : doctrine sunnite *hanbalite* qui tire son nom de *Muhammad 'Abd al-Wahhâb,* réformateur du *XVIIIe siècle* né en *Arabie.*

Wahî : *Mot d'or. Musul.* Waḥī *(inspiration)* وحي : révélation, comme celle faite à *Moïse,* elle se différencie de celle faite exclusivement à *Mahomet* (Voir *Tanzîl).*

Wâjib : *Mot d'or. Musul.* Wājib *(obligatoire)* واجب : Voir aussi *Fard.*

Wakîl : *Mot d'or. Musul.* Wakīl *(mandataire)* وكيل pl. wukalā' وكلاء : avocat ; porte parole; mandataire. Dans l'*ismaélisme* ce sont les imâms qui représentent l'*imâm caché. Al-Wakîl* est un des *attributs de Dieu.*

Walî : *Nom d'or. Musul.* Walī *(protecteur)* وليّ pl. awlyā' أولياء : saint ; ami de Dieu ; tuteur ; celui qui sert de guide spirituel. Le Coran invite à choisir ses amis parmi les croyants.

Wâli : *Nom d'or. Musul.* Wāli *(vice-roi)* وال : Titre des gouverneurs arabes d'*al-Andalus* gouverneur de province ; vice-roi. Au Maroc c'est un préfet nommé par le roi. *Ne pas confondre avec le mot suivant qui partage la même racine signifiant gouverner.*

Wâqi'a : *Mot d'or. Musul.* Wāqi'a *(inéluctable)* واقعة : accident ; fait accompli ; celle qui est inéluctable.

Warrâq : *Mot d'or. Musul.* Warrāq *(papetier)* ورّاق : scribe ; éditeur ; notaire ; imprimeur.

Wasat : *Mot d'or. Musul.* Wasaṭ *(milieu)* وسط : centre ; cœur ; milieu ; moyenne ; modération.

Wasî :
Waṣīy *(administrateur)* وصيّ : exécuteur testamentaire ; tuteur. *'Alî* est pour les chiites le *wasî* de Mahomet et devait donc lui succéder.

Waswâs : *Mot d'or. Musul.* Waswās *(qui murmure)* وسواس : Le tentateur peut-être un *djinn* ou un homme, il est en tous cas dirigé par le *Démon.*

Wildân : *Mot d'or. Musul.* Wildān *(garçon)* ولدان : garçon ; éphèbe du paradis. Voir aussi *Ghulâm.*

Witr : *Mot d'or. Musul.* Witr ou watr *(impair)* وتر : prière surérogatoire comportant un nombre impair de prosternations célébrée après la *prière canonique* de *Isha* et avant la prière de *Chaf'.*

Wudû': *Mot d'or. Musul.* Wuḍūʾ *(woudou, petite ablution)* وضوء : les petites ablutions avant la *prière.*

Yaakov : *Mot d'or. Juda.* 3ème patriarche.

Yad vachèm: *Mot d'or. Juda.* Mémorial de la Shoah.

Yad : *Mot. d'or. Juda.* Main de lecture pour lire la *Torah.*

Yaghûth : *Mot d'or. Musul.* Yaġūṯ يغوث : nom d'une divinité préislamique du secours vénérée au *Yémen.*

Yâjûj wa Mâjûj : *Nom d'or. Musul.* Yāʾjūj wa māʾjūj *(Gog et Magog)* يأجوج و مأجوج : Gog et Magog sont d'étranges peuplades retranchées derrière de grandes murailles. L'arrivée de ces peuples et évoquée dans des hadiths.

Yaqin : *Mot d'or. Musul.* Yaqīn *(certitude)* يقين : la foi profonde.

Yaʿûq : *Mot d'or. Musul.* Yaʿuq يعوق : nom d'une divinité préislamique yéménite des Hamdân ou des Mourâd.

Yawm Al-Qîyâma : *Mot d'or. Musul.* Yawm al-qiyāma *(jour de la résurrection)* يوم القيامة : le jour du jugement ; voir aussi *Qîyâma.*

Yawm : *Mot d'or. Musul.* Yawm *(jour)* يوم : jour ; journée.

Yéchiva : *Mot d'or. Juda.* Ecole talmudique.

Yechiva : *Mot. d'or. Juda.* Ecole religieuse, centre d'étude du *Talmud* et de la *Torah.*

Yeroushalaïm : *Nom d'or. Juda.* Ville cananéenne conquise par *David* pour lui servir de capitale. C'est en ce lieu que *Salomon* érige le *premier temple de YHWH,* faisant de cette ville le premier lieu saint du judaïsme.

Yètsèr hara' : *Mot d'or. Juda.* Mauvais penchant.

YHWH : *Nom d'or. Juda.* Nom de *Dieu* dans la *Tanakh.*

Yi'houd : *Mot d'or. Juda.* Isolement d'un homme et d'une femme non mariés.

Yichouv : *Nom d'or. Juda.* Résidents et nouveaux immigrants *juifs* de la *Palestine* avant la création de l'État d'*Israël.*

Yiddish : *Mot. d'or. Juda.* Langue d'origine germanique, parlée par les juifs d'Europe centrale et orientale.

Yom Ha'atsmaout : *Mot d'or. Juda.* Fête de l'Indépendance d'Israël.

Yom Kippour : *Mot. d'or. Juda.* Jour du Grand Pardon, jour de jeûne d'expiation.

Yovèl : *Mot d'or. Juda.* Jubilé, 50ème année.

Yts'hak : *Mot d'or. Juda.* 2ème patriarche.

Yzkor : *Mot d'or. Juda.* Prière pour les morts.

Zabur : *Mot d'or. Musul.* Zabūr *(livre des psaumes Ps 1)* زبور : les psaumes révélés à *David* sont d'après le Coran l'un des livres formant la révélation antéislamique.

Zahirisme : *Mot d'or. Musul.* ẓāhir *(zâhir)* ظاهِر : apparent; évident; manifeste. Terme de *soufisme* s'oppose à *ésotérisme (bâtin).*

Zakat : *Mot d'or. Musul.* Zakāt *(zakât)* زكاة : aumône légale, l'un des cinq *piliers de l'islam.*

Zâlim / Zâlimûn : *Mot d'or. Musul.* Ẓālim *(injuste)* ظالم : oppresseur ; injuste.

Zamzam : *Mot d'or. Musul.* nom pr. *(murmure)* زمزم : nom du puits foré à proximité de la Ka`aba.

Zaouïa : *Mot d'or. Musul.* Zāwīya *(zaouïa, zawiya)* زاوية : angle; recoin; confrérie; communauté *soufi* du Maghreb dans ce contexte ce mot est pratiquement synonyme de *râbita.*

Zaqqûm : *Mot d'or. Musul.* Zaqqūm *(Zaqqûm)* زقّوم : un arbre mythique qui aux enfers, sert de nourriture aux damnés.

Zaydisme : *Mot d'or. Musul.* Zaydīya زيدية : Le zaïdisme est une branche du *chiisme* dont les adeptes reconnaissent *Zayd ben `Alî* comme cinquième et dernier *imam.*

Zeus : *Nom d'or. Bibl.* Nom du dieu suprême des Grecs (voir Act 14.12, 13).

Zihâr : *Mot d'or. Musul.* Ẓihār *(formule de répudiation préislamique)* ظهار venant de ẓahr *(dos ; verso)* ظهر : ce terme désigne l'action de prononcer la formule préislamique de répudiation de son épouse : « Sois pour moi comme le dos de ma mère ». Cette formule au sens ambigu a été interdite par le Coran.

Zikr : *Mot d'or. Musul.* Voir *Dhikr.*

Zimoun : *Mot d'or. Juda.* Invitation à une Birkat Hamazone collective.

Zina : *Mot d'or. Musul.* Zinā *(adultère)* زنا : adultère ; fornication.

Ziyāra (ou ziāra) : *Mot d'or. Musul.* Visite pieuse collective au *marabout.*

Zohar : *Mot d'or. Juda.* Livre-fondateur de la Kabbale.

Zuhr : *Mot d'or. Musul.* ẓuhr *(prière de midi)* ظهر : seconde prière canonique.

Zûl- ~ : *Mot d'or. Musul.* Voir *Dhû'l- ~.*

Bibliographie

Bible, Alliance Biblique Universelle, France, 1996

https://www:facebook.com/atoi2voir: Comprendre la Bible Petit dictionnaire du vocabulaire biblique et chrétien

http://biblissimo.over-blog.com/2016/05/vocabul aire-biblique-misericorde.html : La miséricorde I: Petit vocabulaire biblique

https://www.persee.fr/doc/rscir_0035 2217_1957_num_31_2_2153_t1_0185_0000_2

Vocabulaire biblique, publié sous la direction de J.-J. Von Allmen, 1954

https://fr.wikipedia.org/wiki/Glossaire_du_juda%C3%AFsme: glossaire du judaïsme

https://maconversionaujudaisme.com/les-mots-utiles/

https://fr.wikipedia.org/wiki/Vocabulaire_de_l%27islam#:~: vocabulaire de l'islam

« Petit dictionnaire des croyants » est un outil de référence pour les catéchétiques paroissiaux, élèves et enseignants des cours de religion dans des écoles conventionnées, les étu diants et/ou apprenants de la Bible et du Co ran.

Ledit dictionnaire, répertorie le vocable utile Chrétien, Judaïste, et Musulman. Il est indispensable pour tous, du fait qu'il se libère des habitudes d e lecture qui tendent non seulement à limiter à quelques notions simplistes l'extraordinaire richesse de la littérature religieuse, mais également à faciliter la consultation des mots et expressions de leur foi à la place des plusieurs dictionnaires religieux à la fo is. Quelques-uns de ces mots ou expressions adoptent le schéma suivant pour chacun : le mot ou l'expression en contexte ; la référence biblique ou coranique pour en saisir la portée ; le sens dans le langag e d'aujourd'hui.

La civilisation religieuse actuelle tentée de l'œcuménisme et de la lecture fondamentaliste de t extes sacrés, impose un dictionnaire comme celui-ci pour retrouver tous les éléments recherchés dans un seul outil de confiance au format discret, mais surtout pour économiser son temps de consultation.

Printed by Books on Demand GmbH, Norderstedt / Germany